高等职业技术院校汽车类专业

汽车电工电子技术基础
习题册

何薇　主编

中国劳动社会保障出版社

简介

本习题册为高等职业技术院校汽车类专业教材《汽车电工电子技术基础》的配套用书。本习题册按照教材章节顺序编写，内容紧扣教学要求，知识点分布均衡，题型丰富多样，习题难易适中，有助于学生复习巩固所学知识。

本书由何薇担任主编，唐培林担任副主编，魏敏、鲁劲柏、侯荣参与编写。

图书在版编目（CIP）数据

汽车电工电子技术基础习题册 / 何薇主编. -- 北京：中国劳动社会保障出版社，2022
高等职业技术院校汽车类专业
ISBN 978-7-5167-5369-9

Ⅰ. ①汽… Ⅱ. ①何… Ⅲ. ①汽车－电工技术－高等职业教育－教材②汽车－电子技术－高等职业教育－教材 Ⅳ. ①U463.6

中国版本图书馆 CIP 数据核字（2022）第 102327 号

中国劳动社会保障出版社出版发行
（北京市惠新东街 1 号 邮政编码：100029）
*
北京市鑫霸印务有限公司印刷装订 新华书店经销

787 毫米 ×1092 毫米 16 开本 5.5 印张 127 千字
2022 年 6 月第 1 版 2024 年 9 月第 7 次印刷
定价：11.00 元

营销中心电话：400-606-6496
出版社网址：http://www.class.com.cn
http://jg.class.com.cn

目　录

第一章 直流电路

§1–1 电路的基本概念

一、填空题

1. 电路是指________流通的路径，由________、________、__________和__________四个基本部分组成。

2. 在汽车单线制电路中，从________到________只用一根导线相连，称为_______；另一个电极与车架相连，称为________。

3. 电路的作用一般可分为两类：一类是进行电能的_______、_______和_______，如照明电路、动力电路等；另一类是进行信息的______、______和______，如测量电路、通信电路、计算机电路等。

4. 汽车蓄电池是一种将_________能转变为____能的装置，属于____流电源。

5. 电动汽车使用的动力蓄电池主要有______蓄电池、金属氢化物镍蓄电池、锂离子蓄电池及_____电池、_________等。其中，锂离子蓄电池的应用最广泛。

6. 电流的大小用单位时间所通过的________来表示。电流的单位为________，简称________，用_______表示。

7. ________________移动形成电流。在金属导体中，实质上能定向移动的电荷是________________；在导电液体（如蓄电池电解液）中，能定向移动的电荷是________。习惯上把_____移动的方向规定为电流的方向，因此，电流的方向实际上与__________和__________移动的方向相反。

8. 电流方向不随时间的变化而变化的电流称为________电流，简称________，用符号________表示。

9. 电流大小和方向都不随时间变化而变化的电流，称为_______________。

10. 电流大小随时间变化且呈周期性变化，但方向不变的电流，称为__________。

11. 电流大小和方向都随时间做相应变化的电流称为__________，简称________，用符号________表示。蓄电池提供的是__________，动力电路、照明电路一般使用__________。

12. 对交流、直流电流应分别使用____________（或万用表____________挡）和____________（或万用表__________挡）测量。电流表或万用表必须_____接到被测量的电路中，并让电流从______端流进，从_______端流出。

13. 电路中某一点与参考点之间的电压称为_________，在汽车电路中通常是以________为参考点。

14. 电场力将单位正电荷从 a 点移动到 b 点所做的功，称为 a、b 两点间的________，用________表示，单位为________。

15. 电源将其他形式的能转化为电势能的能力用______来表征，常用______表示，单位为伏特（V）。电动势的方向规定为在电源内部由______极指向______极。

16. 测量交流电压可以用____________（或万用表____________挡）。测量直流电压可以用____________（或万用表____________挡）。测量时，将电压表______联在被测量电路中。

17. 发动机起动时为起动电动机提供强大的起动电流，一般高达____________A。

18. 电阻反映导体对_______的阻碍作用。电阻的单位为_______，用符号_______表示。

19. 在敏感电阻中，电阻值随温度升高而减小的热敏电阻称为________________热敏电阻，电阻值随温度升高而增大的热敏电阻称为________________热敏电阻。

20. 导体的电阻是导体本身的一种性质，它的大小取决于导体的__________、_________和__________，可用公式表示为________________。

21. 电流所做的功称为________，用字母________表示，单位是________，另一个常用单位为________，俗称________。

22. 电流在单位时间内所做的功称为__________，用字母__________表示，单位是________。

23. 电流的热效应是电流通过导体________的现象。电流通过导体时产生的热量与____________、_____________和____________成正比。表达式有________________。

24. 电路常见的三种工作状态有____________、____________和____________。

二、判断题

1. 内燃机汽车的蓄电池主要是在汽车起动时提供电能，而纯电动汽车从起动到持续运行所需要的电能都是由动力蓄电池提供的。（　　）

2. 交流电流表和直流电流表都有“+”“–”两个接线端子。（　　）

3. 电路中有电流流动是电场力做功的结果。（　　）

4. 电路中任意两点之间的电位差等于这两点之间的电压。（　　）

5. 电压也称电位差。（　　）

6. 燃料电池虽然是一种高效、清洁、环保的电源，但它是一种蓄电池，需要充电。（　　）

7. 在一定温度下，导体的电阻与导体的长度成正比，与导体的横截面积成反比。（　　）

三、选择题

1. 规定电流的方向为（　　）定向移动的方向。

A. 正电荷　　B. 负电荷

C. 正电荷或负电荷　　D. 以上都不对

2. “AC”常用于表示（　　）。

A. 直流电　　B. 脉动直流电

C. 交流电　　D. 以上都不对

3. “DC”常用于表示（　　）。

A．直流电　　B．脉动直流电

C．交流电　　D．以上都不对

4．使用电流表测量流过某元件的电流时，应将电流表与该元件（　　）。

A．并联　　B．串联

C．并联但要去掉该元件　　D．串联但要去掉该元件

5．对于热敏电阻式冷却液温度传感器来说，当冷却液温度升高时，其电阻值（　　）。

A．增大　　B．减小

C．不变　　D．以上都不对

四、简答题

1．简述汽车动力蓄电池的功能。

2．什么是敏感电阻？试列举几种常见的热敏电阻。

3．在汽车冷却液温度测量电路中，应采用哪种类型的热敏电阻？简述其工作原理。

4．电动汽车上空调加热器采用的 PTC 电阻与电动机中定子绕组测温中采用的 PTC 电阻有哪些不同？

五、综合题

1．写出下列器件的名称，并将其与电路的四个组成部分进行连线。

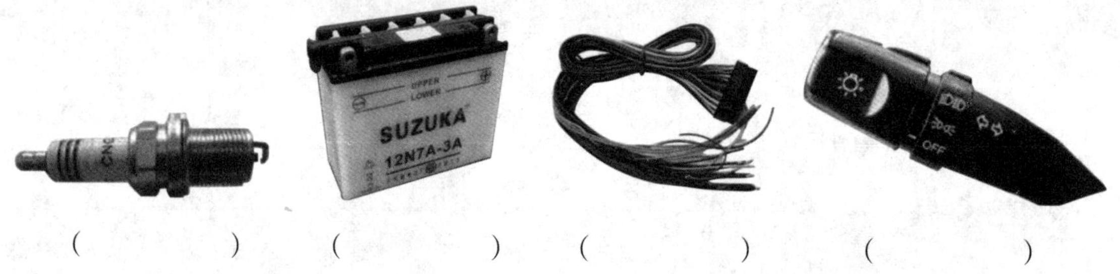

（　　　　）（　　　　）（　　　　）（　　　　）

电源　　　　用电设备　　　　控制装置　　　　连接导线

2．在汽车上找到电源所处的位置，并测量其电压。

§1-2 简单电路分析

一、填空题

1．电阻的串联电路具有以下特点：电路中流过每个电阻的______相等；电路两端的总电压等于各电阻两端的______，即____________；电路的等效电阻（即总电阻）等于______，即____________；电路中各个电阻两端的电压与______成正比，即____________。

2．电阻的并联电路具有以下特点：电路中各电阻两端的______相等，且等于电路__________；电路的总电流等于流过__________之和，即____________________；电路的等效电阻（即总电阻）的倒数等于____________________之和，即____________________；电路中通过各支路的电流与支路的____________，即____________________。

3. ______________电路称为部分电路，____________电路称为全电路。

4. ______________电路称为内电路，____________电路称为外电路。

5. 全电路欧姆定律可表述为：闭合电路中的电流与电源的电动势成________，与电路的总电阻成________，表达式为______________。还可以表述为：电源电动势等于________与________之和。

6. 通常将__________随__________变化的关系特性称为电源的外特性。

7. 一个简单的全电路，当外电阻加倍时，通过的电流减小到原来的2/3，则外电阻与内电阻之比为________。

8. 题图1–1所示的电源外特性曲线中，内阻r_1比内阻r_2______。

9. 汽车中的用电设备大多采用________方式连接，每条支路中都接有________装置。

10. 电桥的平衡条件是__________________________。

11. ________常用作传感器中的转换元件。在汽车电控燃油喷射系统中广泛使用的是热线式空气流量传感器，它就是应用________的工作原理制成的。

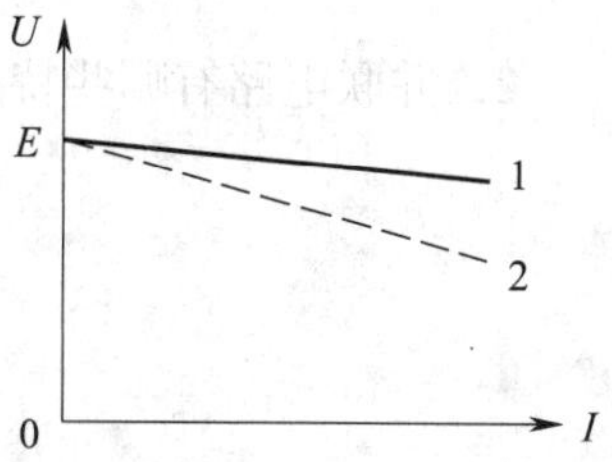

题图 1–1

二、判断题

1. 无论电路是空载还是满载，电源两端的电压都保持恒定不变。（　　）
2. 在开路状态下，开路电流为零，电源端电压也为零。（　　）
3. 在短路状态下，短路电流很大，电源端电压为零。（　　）
4. 允许将电动势大小不同或内电阻大小不同的电池串联或并联使用。（　　）

三、选择题

1. 凡是额定工作电压相同的负载一般采用（　　）的工作方式。

A. 串联　　B. 并联

C. 串联或并联　　D. 串联与并联同时应用

2. 电池串联使用的目的是（　　）。

A. 提高供电电压　　B. 增大电池内电阻

C. 提高工作电流　　D. 以上都不对

3. 电池并联使用的目的是（　　）。

A. 提高供电电压　　B. 增大电池内电阻

C. 提高工作电流　　D. 以上都不对

4. 一个实际的电路，当电路电流增大时，电源的端电压（　　）。

A. 增大　　B. 不变

C. 减小　　　　　　　　　　　　　　　　D. 先增大后减小

5. 两只电阻串联时阻值为 10 Ω，并联时阻值为 1.6 Ω，则两只电阻的阻值分别为（　　）。

A. 2 Ω 和 8 Ω　　　　　　　　　　　　　　B. 3 Ω 和 7 Ω

C. 4 Ω 和 6 Ω　　　　　　　　　　　　　　D. 5 Ω 和 5 Ω

四、简答题

1. 串联电路有哪些特点？

2. 并联电路有哪些特点？

3. 简述全电路欧姆定律，并写出其数学表达式。

4. 简述汽车电控燃油喷射系统中热线式空气流量传感器的工作原理。

5. 如何使用汽车万用表检测汽车蓄电池的电压？

6．如何使用汽车万用表检测汽车熔断器的好坏？

7．如何使用汽车万用表检测汽车冷却液温度传感器的温度？

8．如何使用汽车万用表检测汽车进气压力传感器的电压？

五、综合题

1．在题图 1–2 所示电路中，已知 R_1=10 Ω，R_2=20 Ω，U_1=3 V，试计算：

（1）电路总电阻 R。

（2）流过 R2 的电流 I_2。

（3）电阻 R2 两端分得的电压。

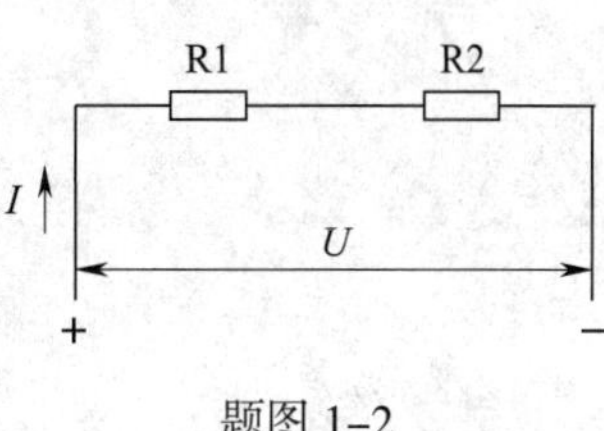

题图 1–2

2. 在题图 1–3 所示电路中，已知 R_1=20 Ω、R_2=30 Ω、I_1=0.6 A，试计算：

（1）电路总电阻 R。

（2）流过 R_2 的电流 I_2。

（3）总电压 U。

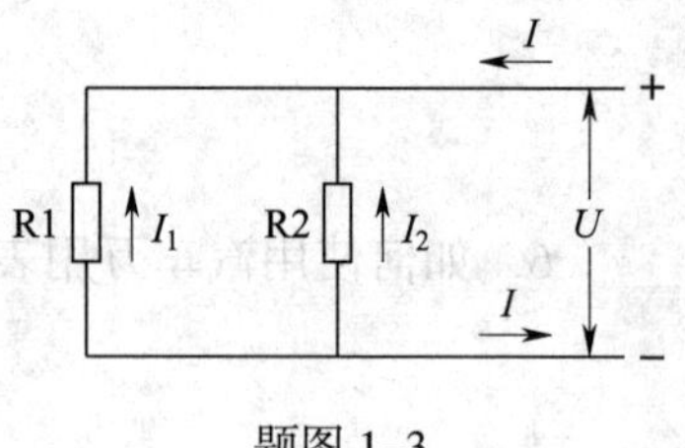

题图 1–3

3. 一盏“220 V/40 W”的白炽灯，其正常工作时灯丝的电阻值是多少？流过灯线的平均电流是多少？

4. 一个汽车修理车间有 16 只照明用吊灯，平均每天工作约 10 h。现用 80 W 的节能灯代替原来 250 W 的白炽灯，试问这些灯一个月将少消耗多少度电？如果当地工业电价为 0.8 元 / 度，那么每月能节约多少元钱？

§1-3 复杂电路分析

一、填空题

1. 基尔霍夫电流定律称为______（或______），其定义为在电路中任一节点上，在任一时刻，______等于______。用公式表示为______。

2. “在电路中任一节点上，任何时刻都不会产生电荷的堆积或减少，所有流进节点的电荷必须全部流出该节点”这种观点称为______。

3. 基尔霍夫电压定律称为______（或______），其定义为在任何一个______中，______等于______。用公式表示为______。

4. 利用基尔霍夫电压定律进行电路分析或计算时，从一点出发绕回路一周回到该点，各段电压的代数和______，用公式表示为______。

5. 利用基尔霍夫电压定律进行电路分析或计算时，列写的回路电压方程通常规定：电压的参考方向与回路“绕行方向”相同时，取______，参考方向与回路“绕行方向”相反时，取______。

6. 如果电源的内阻______，一般视其为电压源。当电源的内阻 $r=0$，这样的电压源称为______电压源，又称______。

7. 如果电源的内阻______，一般视其为电流源。通常把内阻无穷大的电源称为______电流源，又称______。

8. 电压源与电流源可以进行等效变换，在题图 1-4a 所示电路中，电压源转换为电流源的公式为______；在题图 1-4b 所示电路中，电流源转换为电压源的公式为______。

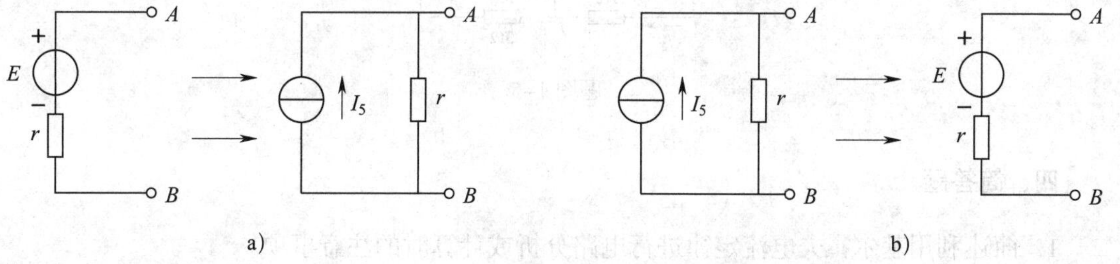

a)　　b)

题图 1-4

9. 当______时，负载可以获得最大功率，此时电源的效率为______。

二、判断题

1．因为复杂电路不遵循欧姆定律，所以要借助基尔霍夫定律及相关法则进行计算。（　　）

2．复杂电路的计算要借助基尔霍夫定律进行计算。（　　）

3．利用基尔霍夫电流定律进行电路分析或计算时，不管如何选取节点，对复杂电路的分析或计算结果是没有影响的。（　　）

4．利用基尔霍夫电流定律进行电路分析或计算时，电流的参考方向可以任意规定。（　　）

5．利用基尔霍夫电流定律进行电路分析或计算时，如果某一物理量的计算结果为负值，则表明节点选得不合理。（　　）

6．利用基尔霍夫电压定律进行电路分析或计算时，回路的“绕行方向”可以任意选定。（　　）

7．基尔霍夫电压定律不能用于开路状态的电路分析。（　　）

三、选择题

1．基尔霍夫电流定律的依据是（　　）。

A．欧姆定律　　B．电流连续性原理

C．焦耳定律　　D．以上都不对

2．某电路的计算结果是I_1=2 A，I_2=−3 A，表明（　　）。

A．电流I_1与电流I_2方向相反　　B．电流I_1大于电流I_2

C．电流I_2大于电流I_1　　D．I_2的实际方向与参考方向相同

3．在题图1–5所示电路中，已知I_1=0.8 A，I_2=0.6 A，则电阻R3上通过的电流为（　　）A。

A．0.8　　B．0.6

C．1.4　　D．0.2

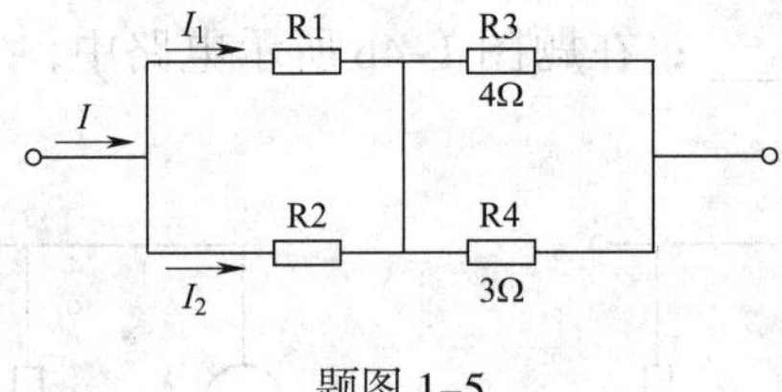

题图1–5

四、简答题

1．简述利用基尔霍夫电流定律进行电路分析或计算时的注意事项。

2．简述利用基尔霍夫电压定律进行电路分析或计算时的注意事项。

3．在纯电动汽车变频器的三相输出中，为什么三相电动机 U、V、W 三相中只有两相上加装了电流传感器？

五、综合题

1．根据已知电流的值，计算题图 1–6 所示部分电路中电流 I 的大小。

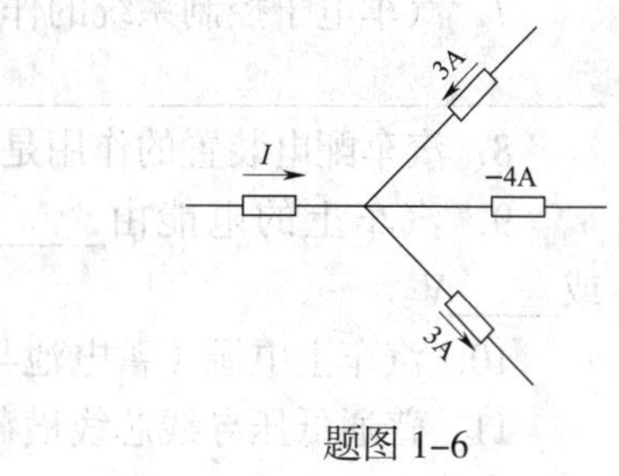

题图 1–6

2．在题图 1–7 所示电路中，电流表的读数为 0.2 A，试计算电动势 E_2 的大小。

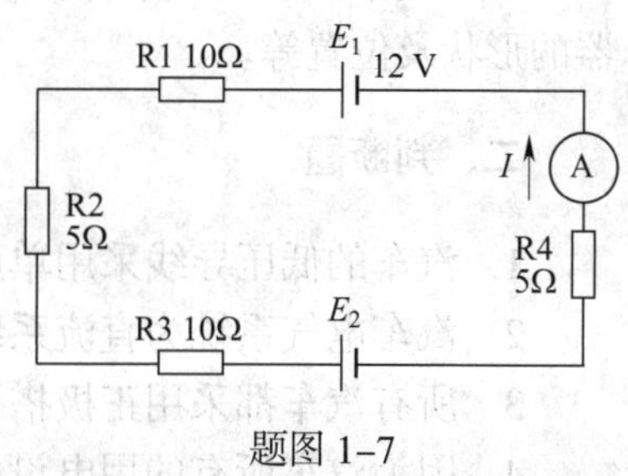

题图 1–7

§1-4 汽车电路基础

一、填空题

1. 汽车电路主要由________、________和________三部分组成。

2. 汽车供电系统的作用是________________。

3. 汽车起动系统的作用是________________。

4. 汽车点火系统的作用是________________。

5. 汽车仪表与警报系统的作用是____。

6. 汽车照明与光、声信号系统的作用是____。

7. 汽车电子控制系统的作用是____。

8. 汽车配电装置的作用是________________。

9. 汽车上的电能由________和________两个直流电源提供，其供电电压为______V或______V。

10. 汽车上电源（蓄电池与发电机）以及各用电设备之间均采用________连接。

11. 普通低压导线芯线横截面积大多在______ ~ ______mm^2之间。

12. 起动电缆有______mm^2、______mm^2和______mm^2等多种规格，允许通过的电流高达______ ~ ______A。

13. 电路原理图简称________，它主要反映电路中各元器件之间的________，并不考虑各元器件的________。

14. 线束图表明线束与各用电设备的连接________、________的标记、________、连接器的形状及位置等。

二、判断题

1. 汽车的低压导线采用单股线。（　）

2. 汽车电气系统为直流系统。（　）

3. 所有汽车都采用正极搭铁。（　）

4. 因为汽车所有的用电设备都接到蓄电池上，所以汽车电路中只有一个电源。（　）

5. 使用电阻时，两个电极可以随便连接。（　）

三、选择题

1. 我国汽车用低压导线的颜色代号“V”代表（　）色。

A．紫　　B．棕

C．粉红　　D．淡蓝

2．大众汽车公司的汽车电路图中接点标记“30”的含义是（　　）。

A．蓄电池正极供电线　　B．接地线

C．点火系统供电线　　D．行车灯供电线

3．为了保护车辆线路和各种电气设备，需要使用多种保护装置，下列选项中不属于车辆上使用的保护装置的是（　　）。

A．熔断器　　B．易熔线

C．点火开关　　D．断路器

4．为保证电控单元可靠搭铁，电控单元与车身之间（　　）搭铁线。

A．有一条　　B．没有

C．有多条　　D．以上都不对

5．汽车仪表与报警系统受（　　）开关控制。

A．点火　　B．危险

C．起动　　D．空调器

6．（　　）既表达了用电设备的每一个接线柱、线束与每一个接插器之间的连接关系，又表达了电路的工作原理。

A．电路原理图　　B．电路接线图

C．线束图　　D．元件位置图

7．电路接通时电流低于正常值表明是（　　）的问题。

A．断路　　B．短路

C．线路电阻过大　　D．熔丝熔断

四、简答题

1．简述识读汽车电路图的基本方法。

2. 简述识读汽车电路图的操作步骤。

五、综合题

识读题图 1–8 所示某汽车散热器风扇控制电路图，分析并完成下列题目。

（1）冷却液温度控制系统工作电流的路径。

（2）发动机舱温度控制系统工作电流的路径。

（3）空调系统工作状态控制系统中工作电流的路径。

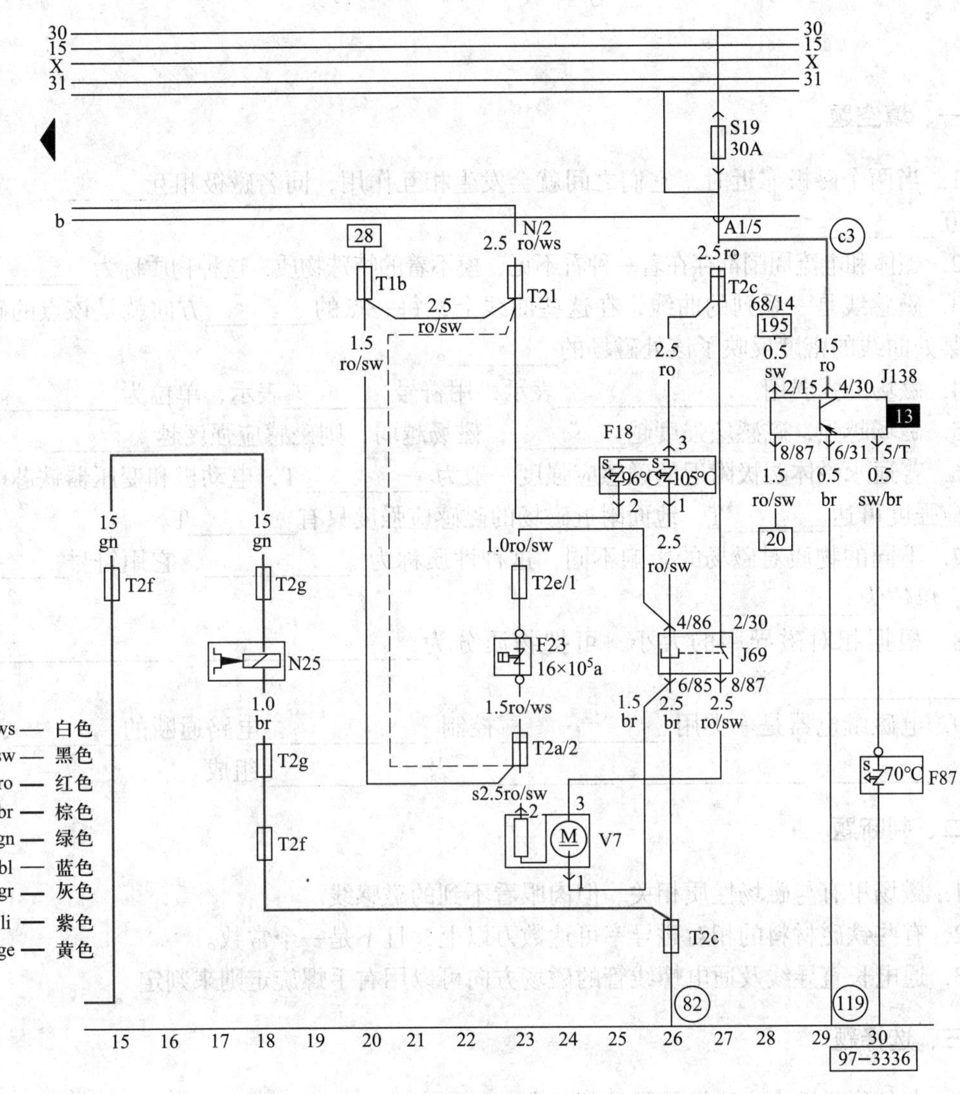

30
15
X
31
S19
30A
b
N/2
2.5
ro/ws
A1/5
28
T1b
T21
2.5 ro
T2c
c3
2.5
ro/sw
1.5
ro/sw
68/14
195
2.5
ro
0.5
sw
1.5
ro
2/15
4/30
J138
13
8/87
6/31
5/T
0.5
br
0.5
sw/br
1.5
ro/sw
20
F18
3
96°C
105°C
2
1
15
gn
T2f
15
gn
T2g
N25
1.0
br
T2g
T2f
1.0ro/sw
T2e/1
F23
16×10⁵a
1.5ro/ws
T2a/2
s2.5ro/sw
V7
M
2.5
ro/sw
4/86
2/30
J69
6/85
8/87
1.5
br
2.5
br
2.5
ro/sw
F87
70°C
T2c
82
119
ws — 白色
sw — 黑色
ro — 红色
br — 棕色
gn — 绿色
bl — 蓝色
gr — 灰色
li — 紫色
ge — 黄色
15 16 17 18 19 20 21 22 23 24 25 26 27 28 29 30
97–3336

题图 1–8

第二章　磁场与电磁感应

§2-1　磁　　场

一、填空题

1．当两个磁极靠近时，它们之间就会发生相互作用，同名磁极相互________，异名磁极相互________。

2．磁体和电流周围都存在着一种看不见、摸不着的特殊物质，这种物质称为__________。

3．磁感线是一系列的曲线，在这些曲线上，每一点的________方向就是该点的磁场方向，某处曲线的密度反映了该处磁场的________。

4．磁场的强弱用______________表示，用符号________表示，单位为________。

5．磁场越强，磁感应强度越________；磁场越弱，则磁感应强度越________。

6．普通永磁体磁极附近的磁感应强度一般为_________T，电动机和变压器铁芯中心的磁感应强度可达________T，地面附近磁场的磁感应强度只有________T。

7．不同的物质对磁场的影响不同，这种性质称为____________，它用符号________来表示，单位为_________。

8．根据相对磁导率的大小，可把物质分为________________、________________和________________三类。

9．电磁继电器是一类用____________控制____________电路通断的________，主要由____________、____________、____________及____________组成。

二、判断题

1．磁场里有与磁场性质相关、但肉眼看不到的磁感线。　　（　　）

2．有些铁磁材料的相对磁导率可达数万以上，且不是一个常数。　　（　　）

3．通电长直导线及通电螺线管的磁场方向可以用右手螺旋定则来判定。　　（　　）

三、选择题

1．在条形磁铁中，磁性最强的部位在（　　）。

A．中间　　B．两极

C．整体　　D．以上都不对

2．为了定量地描述磁场在某一范围内的分布及变化情况，引入了（　　）这一物理量。

A．磁感应强度　　B．磁感线

C．磁通量　　D．以上都不对

3．电与磁都是物质运动的基本形式，两者之间密不可分，统称为（　　）。

A．电磁现象　　　　B．磁化

C．磁场　　　　D．磁力

四、简答题

1．简述使用右手螺旋定则确定通电长直导线和通电螺线管磁场方向的方法。

2．铁磁物质被广泛应用于电工技术及计算机技术等方面。根据特点不同，铁磁材料可分为哪三类？其特点分别是什么？

五、综合题

1．判断题图 2–1 中电流产生的磁场方向。

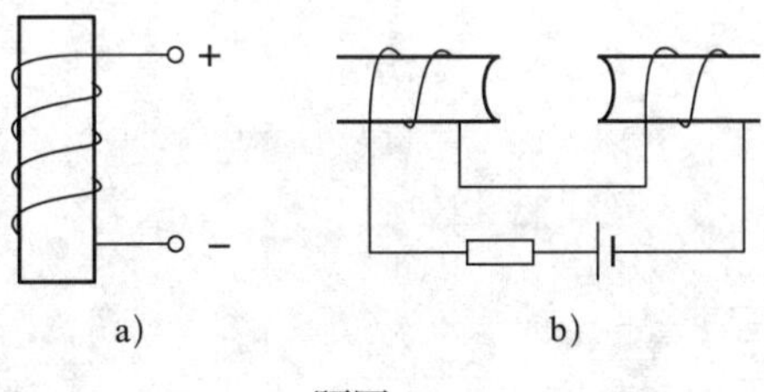

题图 2–1

2．在磁感应强度为0.5 T的均匀磁场中，有一个与磁场方向垂直的平面，面积为0.002 m^2，试计算穿过这个平面的磁通量。

§2-2 磁 场 力

一、填空题

1. 电流通过导体，在导体周围会产生磁场，若将它放进另一个永久磁铁的磁场中，显然也会受到力的作用，这一作用力称为__________。

2. 通电直导体在磁场内的受力方向可用__________进行判定。

3. 直流电动机主要由____________（或__________）、________、________和__________等组成。

4. 运动电荷在磁场中受到的磁场力称为________，其方向总是与____________方向垂直，其对运动电荷不做功，只改变____________。

5. 霍尔轮速传感器由传感头和________组成。传感头由__________、__________和__________等组成，磁体的磁感线穿过霍尔元件通向齿轮。

6. 直流电动机的性能与其励磁方式有密切的关系，按励磁电流供给方式的不同，可分________和________两大类；其中，自励又分为________、________和________三种。

7. 电磁控制式起动机由__________、__________和____________三部分组成。

二、判断题

1. 通电直导体在磁场内的受力方向可以用右手定则进行判定。（　　）

2. 通电导体在磁场中总会受到磁场力的作用，因而一定会发生运动。（　　）

三、选择题

1. 一个有效长度为 0.2 m 的直导线通以 1 A 的电流，如果它处在 0.2 T 的匀强磁场中，并与磁场方向成 30° 角，则此时它受到的磁场力为（　　）N。

A．0.04　　B．0.02

C．0.034 64　　D．0.06

2. 霍尔轮速传感器中的霍尔元件在磁场变化时，将输出一个（　　）信号。

A．温度　　B．电压

C．速度　　D．电流

四、简答题

1. 简述应用左手定则判断通电直导体在磁场内所受电磁力方向的方法。

2. 利用磁场对电流的作用制成了电动机，试结合题图 2–2 分析直流电动机的工作原理。

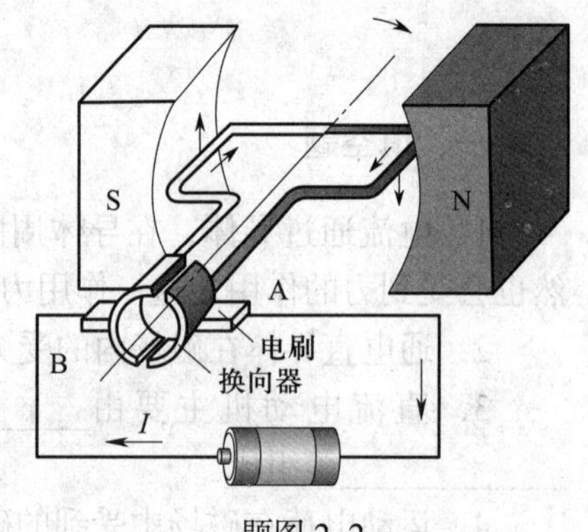

题图 2–2

3. 简述电磁控制式起动机传动机构的工作原理。

五、综合题

一根有效长度为 0.5 m 且垂直于某匀强磁场方向的直导线通以 2 A 的电流，此时它在磁场中受到的磁场力为 0.25 N，试计算这一匀强磁场的磁感应强度。

§2-3 电磁感应

一、填空题

1．当导体做__________运动或线圈中的_______发生变化时，在导体或线圈中都会产生感应电动势。

2．做切割磁感线运动的导体，其产生的感应电动势的方向可由_________确定。

3．在做切割磁感线运动的导体或磁通发生变化的线圈内部，感应电动势的方向是由_______极指向_______极。

4．线圈中的_______发生变化时，线圈中会产生感应电动势。感应电动势的方向通常由_________再结合______________来确定。

5．楞次定律表明：感应电流总是要_______引起感应电流的磁通量的变化。

6．当引起感应电流的磁通量增大时，感应电流的磁场与原电流的磁场方向_______；当引起感应电流的磁通量减小时，感应电流的磁场与原电流的磁场方向_______。

7．线圈中感应电动势的大小与线圈中磁通的变化率成_______。

8．当流过线圈的电流发生变化时，线圈中产生了感应电流，这种电磁感应现象称为__________。

9．当一个回路中的电流发生变化时，将引起附近其他回路的磁通量发生变化，从而在其他回路里产生感应电动势，这种电磁感应现象称为_______。

10．在有铁芯的线圈中通入交流电时，就有交变的磁场穿过铁芯，这时会在铁芯内部产生自感电动势并形成电流，这种电流称为______________。

11．汽车电涡流缓速器主要由_______和_____________两部分组成。

二、判断题

1．只要导体做切割磁感线运动或线圈中的磁通发生变化，导体或线圈中就有感应电流。（　　）

2．切割磁感线的导体或磁通发生变化的线圈，其实就是一个电源。（　　）

3．楞次定律不能判定直导体中感应电动势的方向。（　　）

4．自感电动势的方向可结合楞次定律和右手螺旋定则来确定。（　　）

5．因为涡流会产生损耗，所以涡流是有害的。（　　）

6．汽车点火线圈与变压器的类似之处是它们都利用了自感和互感。（　　）

三、选择题

1．发电机是利用（　　）的原理制成的。

A．电磁感应　　B．磁场对电流作用

C．霍尔效应　　D．以上都不对

2．电动机是利用（　　）的原理制成的。

A．电磁感应　　B．磁场对电流作用

C．霍尔效应　　D．以上都不对

3．磁电式仪表是利用（　　）的原理制成的。

A．电磁感应　　B．磁场对电流作用

C．霍尔效应　　D．以上都不对

4. 当线圈中磁场减弱时，产生感应电流的磁通（　　）。

A．与原磁通的方向相反　　B．与原磁通的方向相同

C．与原磁通的方向无关　　D．方向不定

四、简答题

1．简述使用右手定则确定感应电动势方向的方法。

2．简述影响自感电动势大小的因素。

3．结合实训任务，简述互感线圈同名端的判别方法。

五、综合题

1．一根有效长度为 0.8 m 的直导体，以 5 m/s 的速度在磁感应强度为 0.4 T 的匀强磁场中做匀速运动，其运动方向与磁场方向的夹角为 30°。试计算：

（1）在直导体中产生的感应电动势的大小。

（2）当该直导体与一只 10 Ω 的电阻接成闭合回路时，试求流过该回路的电流强度的大小。

2．一个 100 匝的线圈在 0.015 s 内磁通量由 0.004 Wb 增大到 0.007 Wb，试计算在线圈两端产生的感应电动势的大小。

第三章 交流电路

§3-1 交流电的基本概念

一、填空题

1．通常所说交流电是指正弦交流电，用符号________表示，其图形符号用________表示。

2．我国动力和照明用电的标准频率俗称________，其大小为________Hz，角频率为________rad/s。

3．正弦交流电的________反映了正弦量的变化范围，________反映了正弦量的变化快慢，________反映了正弦量的起始状态。

4．在交流电压的瞬时表达式 $e=E_m\sin(\omega t+\varphi_0)$ 中，$(\omega t+\varphi_0)$ 表示在任意时刻线圈平面与中性面所成的角度，这个角度称为____________，也称____________（或____________），它反映了交流电变化的进程。

5．在式 $e=E_m\sin(\omega t+\varphi_0)$ 中，φ_0为正弦量在 t=________时的相位，称为____________，也称____________（或____________）。

6．两个同频率交流电的相位之差称为____________，用符号________表示。

7．正弦交流电的三要素为____________、____________和____________。

二、判断题

1．交流电与直流电的区别是：直流电的大小和方向都不随时间的变化而变化，交流电的大小和方向随时间的变化而变化。（　　）

2．用交流电压表测得交流电压是 220 V，则此交流电压的最大值是 380 V。（　　）

3．一只额定电压为 220 V 的白炽灯可以接到电压最大值为 311 V 的交流电源上。（　　）

4．电工仪表测出的交流电数值及通常所说的交流电数值都是指平均值。（　　）

5．初相通常用不大于 180° 的角来表示。（　　）

三、选择题

1．交流电的周期越长，说明交流电变化得（　　）。

A．越快　　B．越慢

C．无法判断　　D．以上都不对

2．已知一交流电流，当 t=0 时，i_0=1 A，初相位为 30°，则这个交流电的有效值为（　　）A。

A．0.5　　　　B．1.414

C．1　　　　D．2

3．某正弦交流电的电压波形如题图 3–1 所示，其瞬时值表达式为（　　）。

A．$u=10\sin\left(\omega t-\frac{\pi}{2}\right)$ V　　　　B．$u=-10\sin\left(\omega t-\frac{\pi}{2}\right)$ V

C．$u=10\sin(\omega t+\pi)$ V　　　　D．以上都不对

4．已知两个正弦交流电分别为 $u_1=10\sin(314t-90^\circ)$ V，$u_2=10\sin(628t-30^\circ)$ V，在判断相位关系时，则（　　）。

A．u_1 比 u_2 超前 60°　　　　B．u_1 比 u_2 滞后 60°

C．u_1 比 u_2 超前 90°　　　　D．不能判断相位差

5．在题图 3–2 所示相量图中，交流电压 u_1 和 u_2 的相位关系是（　　）。

A．u_1 比 u_2 超前 75°　　　　B．u_1 比 u_2 滞后 75°

C．u_1 比 u_2 超前 30°　　　　D．无法确定

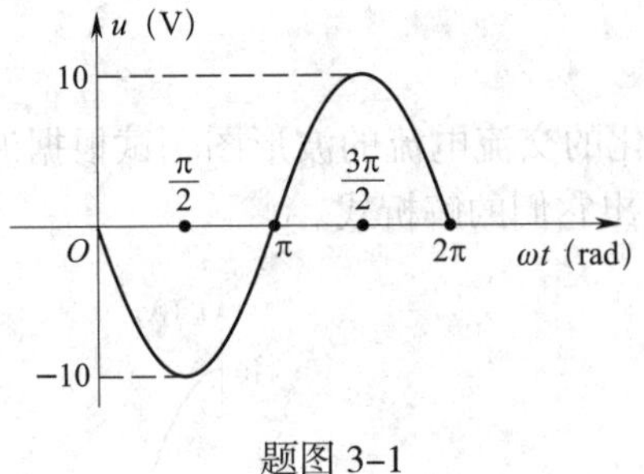

题图 3–1

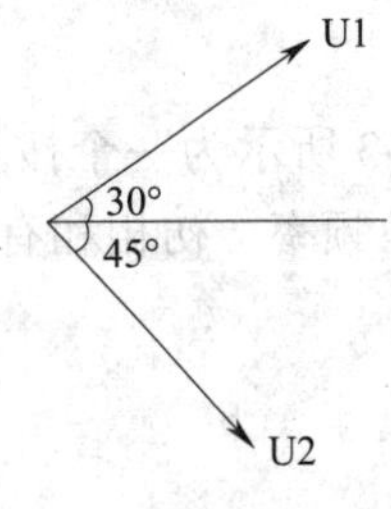

题图 3–2

四、简答题

简述正弦交流电的周期、频率、角频率、最大值、有效值的概念，并写出它们的符号和单位。

五、综合题

1．若让 8 A 的直流电流和最大值为 10 A 的交流电流分别通过阻值相同的电阻，则相同时间内，哪个电阻的发热量最大？为什么？

2．已知两个交流电的电压瞬时值分别为 $u_1=20\sin\left(314t+\frac{\pi}{6}\right)$ V，$u_2=537\sin\left(314t+\frac{\pi}{2}\right)$ V，试计算它们的相位差，并指出它们的相位关系。

3．题图 3–3 所示为一个按正弦规律变化的交流电流的波形图，试根据波形图指出它的周期、频率、角频率、初相和有效值，并写出它们的解析式。

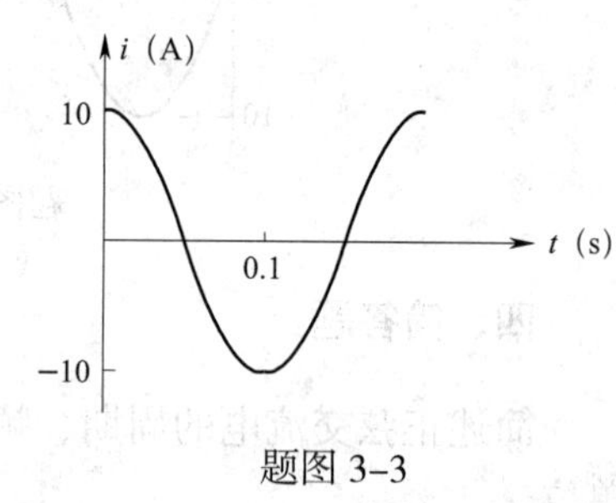

题图 3–3

4．已知一正弦电动势的最大值为 220 V，频率为 50 Hz，初相位为 30°，试写出此电动势的解析式，绘制其波形图，并计算出 t=0.01 s 时的瞬时值。

§3-2 电容器和电感器

一、填空题

1．电容器储存电荷的能力用________表示，它在数值上等于电容器在__________作用下所储存的电荷量。电容量的单位是________，用符号________表示。常用单位有________、________和________，符号分别是________、________和________。

2．电容对交流电的阻碍作用称为________________，用符号_________表示，其单位是________，用符号________表示。

3．电容的容抗与信号频率的关系可以概括为__________、__________、__________、__________，因此电容也被称为________元件。

4．________是反映电感器抗拒电流变化能力的一个物理量。它在数值上等于当电流以________的变化速率通过电感器时，它能产生多少伏特的________。

5．电感用符号________表示，单位是________，用字母________表示。实际中电感的常用单位有________和________，分别用字母________和________表示，它们之间的换算关系为________________________。

6．电感对交流电的阻碍作用称为_____________，用________表示，其单位是________，用字母________表示。

7．一个线圈自感系数越大、交流电频率越高，线圈的感抗就________。

8．电感的感抗与频率的关系可以概括为__________、__________、__________、__________，因此电感被称为__________元件。

9．扼流圈是指对交流电流起_______作用的电感线圈。用于滤波电路的称为________扼流圈，用于_______________的称为低频扼流圈，用于_____________的称为高频扼流圈。

二、判断题

1．电容量的大小与极板面积、极板间距离、极板间介质以及外加电压的大小有关。（　　）

2．检测电路中的电容器之前，必须先将其“放电”，以免损坏测试设备或对操作者造成电击。（　　）

3．检测大容量有极性的电容时，使用万用表的 R×1 k 挡，将黑表笔接电容器正极，红表笔接电容器负极；若是检测无极性电容，则红表笔、黑表笔可以不进行区分。（　　）

4．超级电容器是一种新型高能量密度的储能元件，其结构与平板电容器不同，多应用于公交车中。（　　）

三、选择题

1．在纯电容正弦交流电路中，当电容一定时，则（　　）。

A．频率越高，容抗越大　　B．频率越高，容抗越小

C．容抗与频率无关　　D．以上都不对

2．在频率为 50 Hz 的家用电路中，电容的容抗和线圈的感抗相等，现将频率提高到 500 Hz，则感抗与容抗之比等于（　　）。

A．100　　B．0.01

C．10　　D．1 000

3．在同一交流电压作用下，电感变大，电感中的电流将（　　）。

A．不变　　B．变小

C．变大　　D．先变大后变小

四、简答题

1．在路测量电容器之前为什么要先行“放电”？

2．简述油罐车油位传感器的工作原理。

3．结合实训任务，简述使用万用表检测电容器的方法。

4．结合实训任务，简述使用万用表检测电感器的方法。

五、综合题

1. 通常用指针式万用表来检测电容器。试根据下列检测结果判断电容器质量的好坏。

（1）如果表针先向右偏转，然后再向左回摆到底（阻值无穷大处），则表明电容器____________。

（2）如果表针向左回摆不到底，而是停在某一刻度上，则表明电容器____________。

（3）如果表针向右偏转到欧姆零位后不再回摆，则表明电容器____________。

（4）如果表针无偏转和回转，则表明电容器____________。

2. 根据题图 3–4 所示电容器的充电电路，在其右侧相应位置象征性地画出充电电压和充电电流曲线。

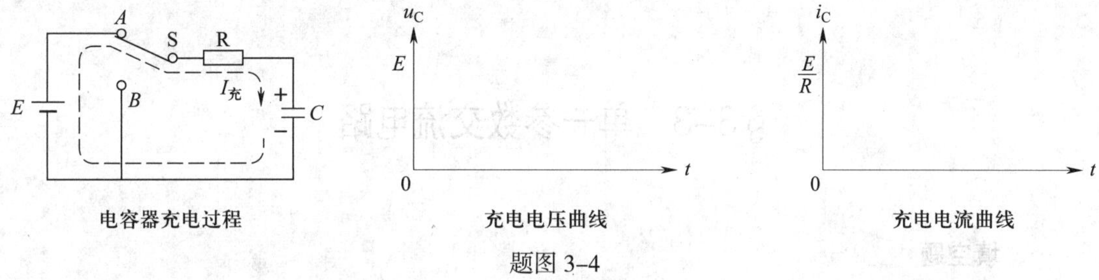

题图 3–4

3. 根据题图 3–5 所示电容器的放电电路，在其右侧相应位置象征性地画出放电电压和放电电流曲线。

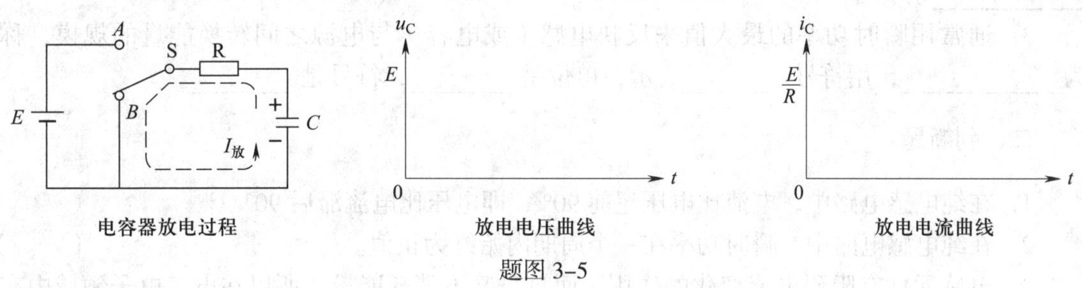

题图 3–5

4. 电容器通过 50 Hz 电流时，其容抗为 100 Ω，当频率升高至 5 000 Hz 时，其容抗是多少？

5．有一个 L=0.5 H 的电感线圈接在$u=220\sqrt{2}\sin(314t+60°)$ V 的交流电源上，试计算线圈的感抗。

§3-3 单一参数交流电路

一、填空题

1．交流电路中如果只考虑电阻的作用，这种电路称为________电路。

2．电阻在交流电一个周期内消耗的功率平均值，称为____________，又称为__________。

3．通常用瞬时功率的最大值来反映电感（或电容）与电源之间转换能量的规模，称为__________，用符号_______表示，单位是_______，符号是_______。

二、判断题

1．在纯电感电路中，电流比电压超前 90°，即电压比电流滞后 90°。（ ）

2．在纯电感电路中，瞬时功率在一个周期内始终为正值。（ ）

3．电感元件有阻碍电流变化的作用，而自身又不消耗能量，所以在电工电子领域中有广泛应用。（ ）

4．纯电容电路的平均功率为零，说明纯电容不消耗功率。（ ）

5．在纯电容电路中，瞬时功率为正值，说明电容将能量返还给电源。（ ）

6．在纯电阻电路、纯电感电路和纯电容电路中，瞬时值和最大值满足欧姆定律，有效值不满足，原因是有效值的 u 和 i 的相位不同。（ ）

7．公共汽车和小客车上的低压直流电源不能使日光灯点亮，必须通过电源变换器把低压直流电变为适合于日光灯的交流电，才能使日光灯点亮。（ ）

三、选择题

1．若电路中某元件两端的电压 $u=36\sin\left(314t-\frac{\pi}{2}\right)$ V，电流 $i=4\sin(314t)$ A，则该元件是（ ）。

A．电阻　　B．电感

C．电容　　D．以上都不对

2．加在容抗为 100 Ω 的纯电容两端的电压 $u_c=100\sin\left(\omega t-\dfrac{\pi}{3}\right)$ V，则通过它的电流应为（　　）A。

A．$i_c=\sin\left(\omega t+\dfrac{\pi}{3}\right)$　　B．$i_c=\sin\left(\omega t+\dfrac{\pi}{6}\right)$

C．$i_c=\sqrt{2}\sin\left(\omega t+\dfrac{\pi}{3}\right)$　　D．$i_c=\sqrt{2}\sin\left(\omega t+\dfrac{\pi}{6}\right)$

3．在纯电感电路中，已知电流的初相角为 −60°，则电压的初相角为（　　）。

A．30°　　B．60°

C．90°　　D．120°

4．把 L=10 mH 的纯电感线圈接到 $u=141\sin(100t-60°)$ V 的电源上，线圈中通过的电流表达式为（　　）。

A．$i=100\sin(100t-150°)$ A　　B．$i=141\sin(100t-150°)$ A

C．$i=141\sin(100t-30°)$ A　　D．以上都不对

四、综合题

1．现有一额定值为“220 V/1 000 W”的纯电阻用电设备，试计算其工作在交流电压 $u=155.5\sin(314t+60°)$ V 下所消耗的功率。

2．已知某纯电容电路两端的电压为 $u=200\sqrt{2}\sin 500t$ V，电容 C=10 μF，试计算：

（1）流过电容的瞬时电流。

（2）电路的无功功率。

3. 纯电感电路中$\frac{U}{I}=X_L$，$\frac{U_m}{I_m}=X_L$，为什么$\frac{u}{i}\neq X_L$?

4. 已知一个电感线圈通过频率为 50 Hz 的电流时，其感抗为 10 Ω，电压和电流的相位差为 90°。则当其通过频率为 500 Hz 的电流时感抗是多少？电压与电流的相位差又是多少？

§3-4 RLC 串联电路

一、填空题

1. 对于一个 RLC 串联电路，当感抗大于容抗时，电路呈____________性，电压相位________电流相位；当感抗小于容抗时，电路呈____________性，电压相位________电流相位；当感抗等于容抗时，电路呈__________性，电压相位__________电流相位，电路处于________________状态。

2. 在交流电路中，总电压与总电流有效值的乘积称为____________，用符号________表示，单位为________。

3. 已知一交流电路的视在功率为 S，阻抗角为 φ，则该电路的有功功率为______________，无功功率为______________，功率因数为______________。

4. 功率因数反映了电源设备的容量________。功率因数越大，负载消耗的有功功率越________，同时与电源交换的无功功率越________。

5. 在 RLC 串联正弦交流电路中，已知电流 I=5 A，电阻 R=30 Ω，感抗 X_L=40 Ω，容抗 X_C=80 Ω，则电路的阻抗为____________，该电路称为____________性电路。电阻上的平均功率为____________，无功功率为____________；电感上的平均功率为____________，无功功率为____________；电容上的平均功率为____________，无功功率为____________。

二、判断题

1．无功功率其实就是无所作为的功，它是一种消耗电能的负功。（　　）

2．视在功率代表了交流电路消耗的功率。（　　）

3．要提高功率因数，就要合理地选用电动机，并尽量避免电动机空转或长时间处于超载运行状态。（　　）

三、选择题

1．如题图 3–6 所示，三只灯泡均正常发光，当电源电压不变、频率变小时，灯泡的亮度变化情况是（　　）。

A．HL1 不变，HL2 变暗，HL3 变暗　　B．HL1 变亮，HL2 变亮，HL3 变暗

C．HL1、HL2、HL3 均不变　　D．HL1 不变，HL2 变亮，HL3 变暗

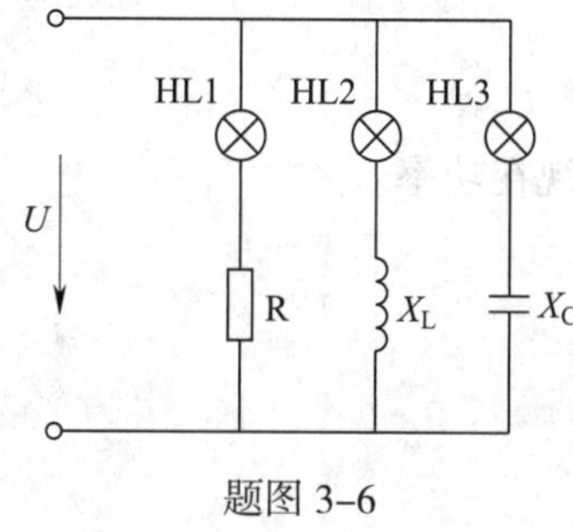

题图 3–6

2．若 RLC 串联电路中的各参数如下所示，则只有（　　）属于电感性电路。

A．R=5 Ω，X_L=7 Ω，X_C=4 Ω　　B．R=5 Ω，X_L=4 Ω，X_C=7 Ω

C．R=5 Ω，X_L=4 Ω，X_C=4 Ω　　D．R=5 Ω，X_L=5 Ω，X_C=5 Ω

3．已知 RLC 串联电路的端电压 U=20 V，各元件两端的电压分别为 U_R=12 V，U_L=16 V，则 U_C=（　　）V。

A．4　　B．32

C．12　　D．28

四、综合题

1．如题图 3–7 所示，三个电路中的电源和灯泡是相同的，灯泡都能发光，哪种情况下灯泡的亮度最大？哪种情况下灯泡的亮度最小？为什么？

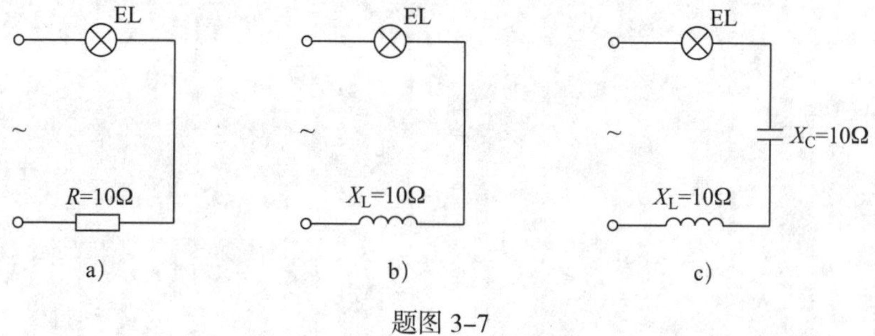

题图 3–7

2．一个线圈与一个电容串联，已知线圈的电阻 R=4 Ω，电感 L=25.4 mH，电容 C=637 μF，外加电压 $u=311\sin\left(100\pi t-\frac{\pi}{4}\right)$ V，试计算：

（1）电路的阻抗。

（2）电流的有效值。

（3）有功功率、无功功率和视在功率。

3．一个电感量为 1 mH 的电感器与一个电容量为 0.22 μF 的电容串联后接入一个 10 kHz 的正弦交流电中，如果它们的总内阻为 5 Ω，则该 RLC 串联电路的感抗、容抗、电抗、阻抗和阻抗角分别为多少？该电路具有哪些性质？

§3-5 三相交流电

一、填空题

1．三相绕组的始端用________、________、________表示，末端用________、________、________表示，分别称为________相、________相、________相，三个绕组在空间位置上彼此相隔________。

2．三相对称交流电动势到达最大值的先后顺序称为________。如按 U → V → W → U 的顺序循环，则称为________；如按 U → W → V → U 的顺序循环，则称为________。

3．在交流供电中有________、________和________三种供电方式。

4．在工程上，零线或中性线一般采用________色。

5．相线也称________，俗称________。三根相线分别用符号________、________、________表示，并分别用________、________、________三种颜色进行区分。

6．线电压的大小等于相电压的________倍，我国低压供电系统中的线电压为________，相电压为________。

7．专用保护线也称________，该线一般用________色作为标志。按照规范，单相三孔插座的接线必须遵循________的原则。

8．接在三相电源上的负载统称为________。通常把各相负载相同的三相负载称为________，如果各相负载不同，就称为________。

9．把三相负载分别接在三相电源的一根相线和中性线之间的接法称为三相负载的________，常用________标记。此时，负载两端的电压称为负载的________。在忽略输电线上的电压降时，负载的相电压与电源的相电压________，电源的线电压为负载相电压的________倍。

10．流过每相负载的电流称为________，流过每根相线的电流称为________。

11．三相负载以星形对称连接时，流过中性线的电流为________。

12．把三相负载分别接在三相电源每两根相线之间的接法称为________，常用________标记。此种接法中，负载的相电压和电源的线电压大小________。

13．三相对称负载做三角形连接时线电流总是滞后于相应的相电流________。

14．三相对称负载做三角形连接时的相电压是做星形连接时的相电压的________倍。

15．某对称三相负载，每相负载的额定电压为 220 V，当三相电源的线电压为 380 V 时，负载应连接成________；当三相电源的线电压为 220 V 时，负载应连接成________。

二、判断题

1．对于三相交变电流，相电压一定小于线电压。（　）

2．当三相负载越接近对称时，中性线电流就越小。（　）

3．两根相线之间的电压称为线电压。（　　）

4．三相交流电源是由频率、有效值、相位都相同的三个单个交流电源按一定方式组合起来的。（　　）

5．用三相三线制、三相四线制和三相五线制任一种方式供电时，都只能向三相用电设备供电，不能向单相用电设备供电。（　　）

6．一台三相电动机，每个绕组的额定电压是 220 V，若三相电源的线电压是 380 V，则这台电动机的绕组应连成三角形。（　　）

三、选择题

1．汽车电路中配置的发电机所产生的是（　　）。

A．直流电　　B．单相交流电

C．三相交流电　　D．以上都不对

2．关于三相交流发电机的使用，下列说法中正确的是（　　）。

A．三相交流发电机发出的三相交变电流，只能同时用于三相交变电流

B．三相交流发电机不可当作三个单相交流发电机

C．三相交流发电机必须是三根火线、一根中性线向外输电，任何情况下都不能少一根输电线

D．如果三相负载完全相同，三相交流发电机也可以用三根线（都是火线）向外输电

3．某三相对称电源线电压为 380 V，则其线电压的最大值为（　　）V。

A．$380\sqrt{2}$　　B．$380\sqrt{3}$

C．$380\sqrt{6}$　　D．$\dfrac{380\sqrt{2}}{\sqrt{3}}$

4．已知对称三相电压中，V 相电压为 $u_V = 220\sqrt{2}\sin(314t+\pi)$ V，则按正序 U 相和 W 相电压分别为（　　）。

A．$u_U = 220\sqrt{2}\sin\left(314t+\dfrac{\pi}{3}\right)$ V　$u_W = 220\sqrt{2}\sin\left(314t-\dfrac{\pi}{3}\right)$ V

B．$u_U = 220\sqrt{2}\sin\left(314t-\dfrac{\pi}{3}\right)$ V　$u_W = 220\sqrt{2}\sin\left(314t+\dfrac{\pi}{3}\right)$ V

C．$u_U = 220\sqrt{2}\sin\left(314t+\dfrac{2}{3}\right)$ V　$u_W = 220\sqrt{2}\sin\left(314t-\dfrac{2}{3}\right)$ V

D．以上都不对

5．在题图 3-8 所示三相四线制电源中，用电压表测得 U_{12}=380 V，U_{23}=220 V，则（　　）为零线。

A．2 号

B．3 号

C．4 号

D．1 号

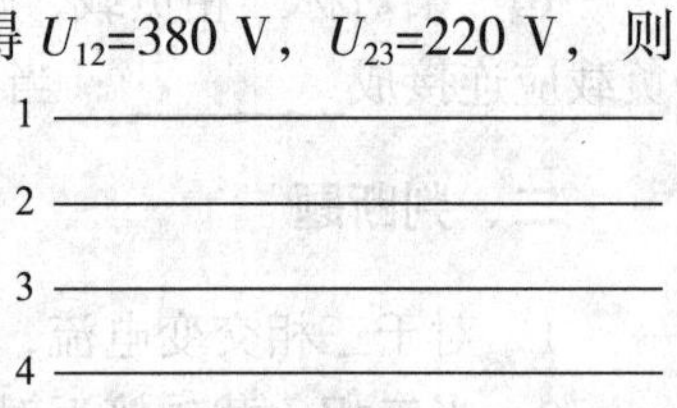

题图 3-8

四、简答题

1．汽车三相交流发电机由哪几个主要部分组成？各自的作用是什么？

2．为什么在低压供电系统中不能使用三相三线制？

3．结合实训任务，简述使用万用表检测汽车蓄电池电压的方法和操作步骤。

4．结合实训任务，简述使用万用表检测汽车发电机的方法和操作步骤。

五、综合题

1．一个三相电炉，每相电阻为 100 Ω，接在相电压为 220 V 的三相交流电源上，分别计算电炉接成星形和三角形时的相电流和线电流。

2．将题图 3-9 中三组三相负载分别按三相三线制星形、三相三线制三角形和三相四线制星形连接，接入供电线路。

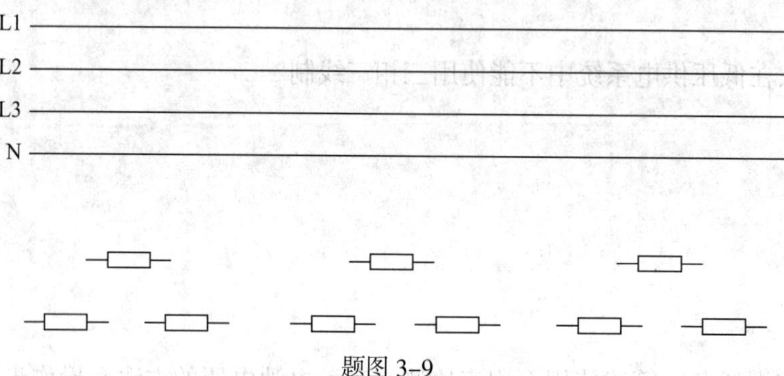

题图 3-9

§3-6　变　压　器

一、填空题

1．变压器的主要组成部分是__________和__________。其中，前者是变压器的磁路通道，同时也是变压器的骨架，通常由磁导率较高又相互绝缘的__________叠合而成，而后者则是变压器的电路部分，一般采用绝缘良好的__________（或__________）绕制而成。

2．变压器与电源相连的绕组称为__________，与负载相连的绕组称为__________。

3．变压器具有变换__________、__________和__________的作用。

4．理想变压器一次绕组、二次绕组端电压之比等于绕组的__________，又称________。

5. 绕组是变压器的________部分，为了便于绝缘，通常将________安装在靠近铁芯的内层，将________安装在外层。

6. 在实际工作中，常用的钳形电流表是一种________互感器。

二、判断题

1. 变压器是一种特殊的电感器，在电力输送和电子线路中有着广泛的应用。 (　　)
2. 变压器只能传递电能而不能产生电能。 (　　)
3. 作为升压用的变压器，其变压比大于 1。 (　　)

三、选择题

1. 变压器一次绕组、二次绕组中不能改变的物理量是(　　)。

A. 电压　　B. 电流
C. 阻抗　　D. 频率

2. 电压互感器实际上是一个(　　)。

A. 升压变压器　　B. 降压变压器
C. 自耦变压器　　D. 以上都不对

四、简答题

简述汽车点火线圈的工作原理。

五、综合题

1. 现要制作一个 12 V 的降压变压器，如果该变压器的一次绕组为 1 100 匝，那么其二次绕组应为多少匝?

2．某变压器的铭牌上标有“100 V · A、220 V/24 V”等数据，试计算：

（1）该变压器的变压比。

（2）该变压器额定负载时的 I_1 和 I_2。

第四章　二极管与晶闸管

§4-1　二　极　管

一、填空题

1．二极管P区的引出端称为________极，N区的引出端称为________极。

2．当给二极管外加正向电压（二极管正极电位高于负极电位）时，二极管________；反之，则二极管________，这一性质称为二极管的______________。

3．加在二极管两端的电压和流过二极管的电流之间的关系称为二极管的________。

4．硅二极管的开启电压约为________V，正向管电压降约为________V；锗二极管的开启电压约为________V，正向管电压降约为________V。

5．二极管的主要参数有______________、______________和______________等。

6．稳压二极管是利用二极管的____________特性来工作的半导体器件。

7．在汽车电路中，由于工作电流较大，________________会出现波动，而汽车仪表电路和部分电子控制电路对电源的稳定性要求较高，所以利用________________可以得到较为稳定的电压。

8．使用万用表测量小功率二极管的正反向电阻时，一般用________和________这两挡。

9．发光二极管是利用二极管的____________制成的，它的文字符号是________，常用作________或________器件，也可制成________或________显示器来显示数字或图形文字，甚至也可用成千上万个发光二极管点阵制成超大面积的户外________。

10．光敏二极管也称____________，是一种将________信号变成________信号的半导体器件。

11．光电二极管在无光照时，反向电流__________，称为__________；在有光照时，反向电流____________，称为____________，其大小与____________和____________等有关。

12．开关二极管一般用于______________或______________电路。

13．汽车光电式点火信号发生器主要由__________________、__________________、__________________和光接收器等组成。

二、判断题

1．二极管的反向电流越大，表明其热稳定性越好。（　　）

2．指针式万用表的红表笔连接内部电池正极，黑表笔连接内部电池负极。（　　）

3．二极管是一种非线性器件。（　　）

三、选择题

1．当硅二极管加上 0.3 V 正向电压时，该二极管相当于（　　）。

A．小阻值电阻　　B．阻值很大的电阻

C．内部短路　　D．以上都不对

2．利用半导体器件的（　　）特性可实现整流。

A．伏安　　B．稳压

C．单向导电　　D．以上都不对

3．使用万用表 R×1 kΩ 挡测二极管，若红表笔接正极，黑表笔接负极时读数为 50 kΩ，换黑表笔接正极，红表笔接负极时，读数为 1 kΩ，则这只二极管（　　）。

A．内部已断路不能使用　　B．内部已短路不能使用

C．没有坏，但性能不好　　D．性能良好

4．稳压二极管是利用二极管（　　）特性工作的半导体器件。

A．单向导电　　B．正向导通

C．反向击穿　　D．以上都不对

5．光电二极管工作在（　　）状态。

A．反向偏置　　B．正向偏置

C．反向偏置或正向偏置　　D．以上都不对

6．光电池是利用（　　）构成的器件。

A．稳压二极管　　B．发光二极管

C．光电二极管　　D．三极管

四、简答题

1．如何使用普通指针式万用表来检测光电二极管？

2．结合实训任务，简述检测普通二极管好坏和极性的方法。

3．结合实训任务，简述检测远红外光敏二极管好坏和极性的方法。

五、综合题

利用二极管的特性判断在题图 4–1 所示电路中哪一个灯泡不亮。

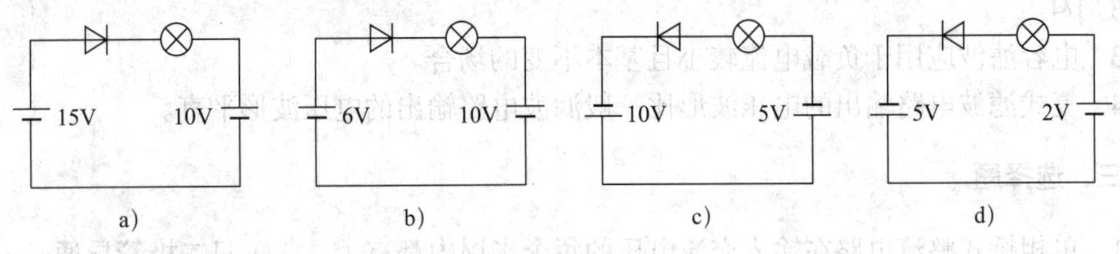

题图 4–1

§4–2 直流稳压电源

一、填空题

1．在单相桥式整流电路中，负载上脉动电压在一周内的平均值为________，流过二极管的平均电流为________，每只二极管所要承受的最大反向电压为________。

2．在三相桥式全波整流电路中，电源变压器一次绕组通常接成________形，而二次绕组通常接成________形。

3．在三相桥式全波整流电路中，在任一瞬间，共阴极组和共阳极组中各有________只二极管导通，输出直流电压平均值为________。

4．将硅整流器件按某种整流方式连接后封装成一体就制成了____________，俗称________。在内部结构上，低压小电流硅堆的整流二极管按________或________两种方式组合，俗称________。

5．最常用的滤波元件是__________和__________。

6．为了进一步提高滤波效果，可以将__________和__________（或__________）组合成复式滤波电路。

7．滤波电容与负载______联，滤波电感与负载______联。

8．复式滤波电路通常有____________、____________和____________三种。

9．电动汽车中的整流器又称________变换器，其功能是将汽车交流发电机发出的__________变换为稳定的__________提供给用电设备使用或汽车动力蓄电池储存。

二、判断题

1．对于电感性负载来说，整流电路必另加滤波电感。（　　）

2．因为桥式整流电路中有四只整流二极管，所以流过每只二极管的平均电流等于负载电流的1/4。（　　）

3．电容滤波应用于负载电流较小且基本不变的场合。（　　）

4．复式滤波电路输出的电压波形比一般滤波电路输出的电压波形平直。（　　）

三、选择题

1．单相桥式整流电路在输入交流电压的每个半周内都有（　　）只二极管导通。

A．2　　B．1

C．3　　D．4

2．整流电路后加滤波电路的目的是（　　）。

A．提高输出电压　　B．降低输出电压

C．减小输出电压的脉动程度　　D．限制输出电流

3．关于滤波电路的作用，下列说法中正确的是（　　）。

A．把脉动直流电变成恒稳直流电　　B．滤除脉动直流电中的交流成分

C．滤除脉动直流电中的直流成分　　D．以上都不对

4．理论上，在电容器滤波电路中，电容大小对滤波效果的作用是（　　）。

A．电容越大，滤波效果越好　　B．电容越大，滤波效果越差

C．滤波效果与电容大小无关　　D．以上都不对

5．（　　）滤波电路只适用于负载电流较小且变化不大的场合，在负载电流较大时，其滤波效果不好。

A．电感　　B．电容

C．LC复式滤波　　D．以上都不对

6．下列滤波电路中，滤波效果最好的是（　　）滤波电路。

A．电容　　B．电感

C．LC复式　　D．以上都不对

7．当负载电流较小时，在下列滤波电路中，（　　）的滤波效果最好。

A．LC型　　B．LC-π型

C．RC-π型　　D．以上都不对

四、简答题

1．三相桥式全波整流电路与单相桥式整流电路相比有哪些优点？

2．简述电容滤波电路的特点。

3．简述 LC 型、LC-π 型和 RC-π 型滤波电路的特点。

五、综合题

1．已知变压器二次侧交流电压为 220 V，则单相桥式整流电路输出的直流电压为多少？

2．题图 4-2 所示电路中，元件 R、L、C 能否起到滤波作用？

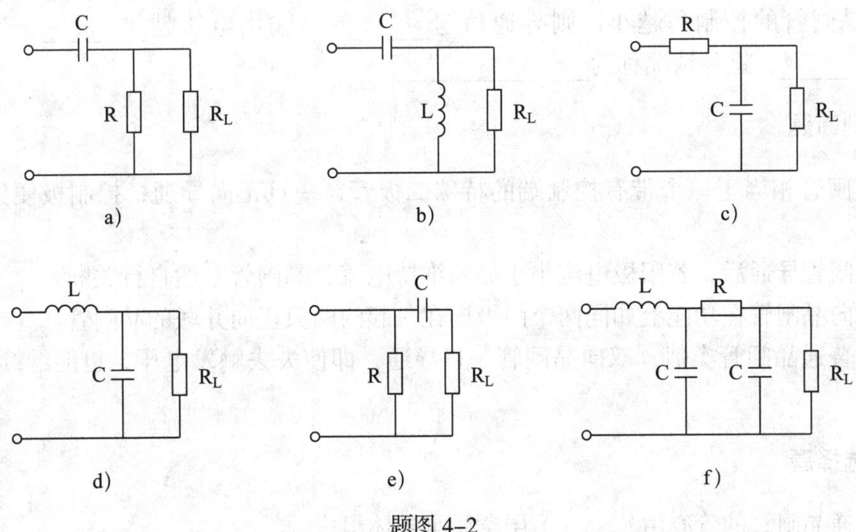

题图 4-2

§4-3 晶 闸 管

一、填空题

1. 晶闸管是______________的简称，也称为____________，用符号_______表示。

2. 晶闸管有多种类型，主要有______________、______________、______________、______________和______________等。

3. 晶闸管的三个极 A、K 和 G 分别表示__________、__________、______________。

4. 普通晶闸管的图形符号是在二极管符号的基础上又增加了一个__________，表示其特性相当于一个______________________。

5. 晶闸管按封装形式不同有____________（小功率）、____________（中功率）和__________（中、大功率）等多种。

6. 晶闸管有四种工作状态，分别是______________、______________、______________、____________。

7. 双向晶闸管有三个极，分别是______________、____________和____________。

8. __________是整流的逆过程，即把__________变为__________，该过程可以用__________来实现。

9. 在控制极加上触发脉冲使晶闸管开始导通的角度称为__________，用符号________表示。在____________期间，晶闸管正向阻断。_______被称为晶闸管的导通角，用符号_____表示。

10. 晶闸管的控制角越小，则导通角越_______，输出电压越_______，当 α=0 时，导通角 θ=______，这种情况称为____________。

二、判断题

1. 晶闸管相当于一个带有控制端的特殊二极管，一旦正向导通，控制极便失去作用。（　　）

2. 晶闸管导通后，若阳极电流小于导通维持电流，晶闸管必然自行关断。（　　）

3. 双向晶闸管在功能上如同两个门极连在一起的两只正向并联的晶闸管。（　　）

4. 与普通晶闸管类似，双向晶闸管一旦导通，即使失去触发电压，也能继续保持导通状态。（　　）

三、选择题

1. 普通晶闸管的管心由（　　）层杂质半导体组成。

A．1
B．2
C．3
D．4

2．单向晶闸管内部有（　　）个 PN 结。

A．2
B．3
C．4
D．多于 4

3．普通晶闸管由中间 P 层引出的电极是（　　）。

A．阳极
B．控制极
C．阴极
D．无法确定

4．晶闸管导通的条件是（　　）。

A．加正向电压
B．加触发信号
C．加正向电压的同时加触发信号
D．无法确认

四、简答题

1．简述晶闸管的导通方法及关断方法。

2．简述晶闸管的两种简易检测方法。

五、综合题

1．一单相桥式可控整流电路如题图 4–3 所示，试在右侧相应位置根据触发电压画出输出电压波形。

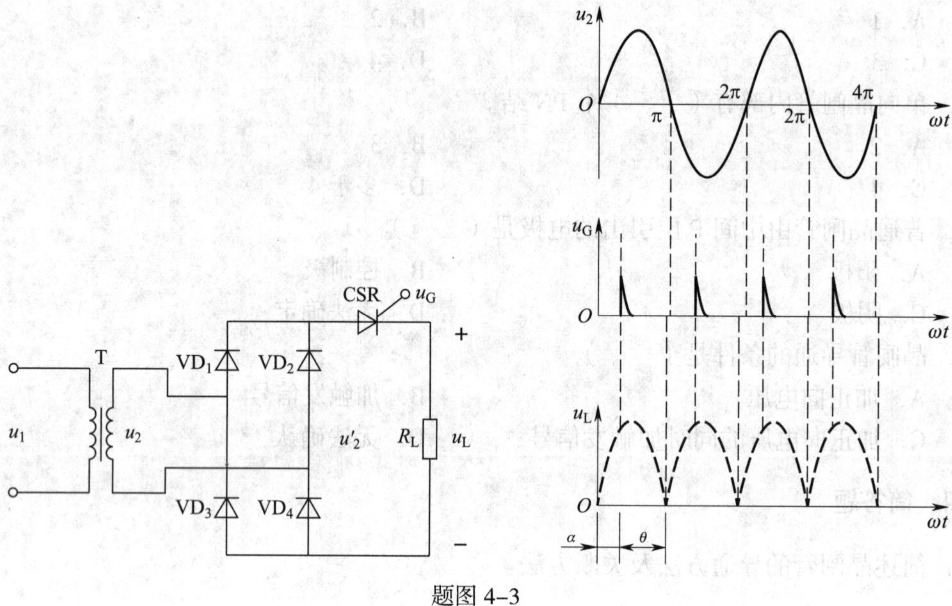

题图 4–3

2．题图 4–4 所示电路为晶闸管雨刮控制电路，请写出电路由哪两部分组成？每部分的作用是什么？

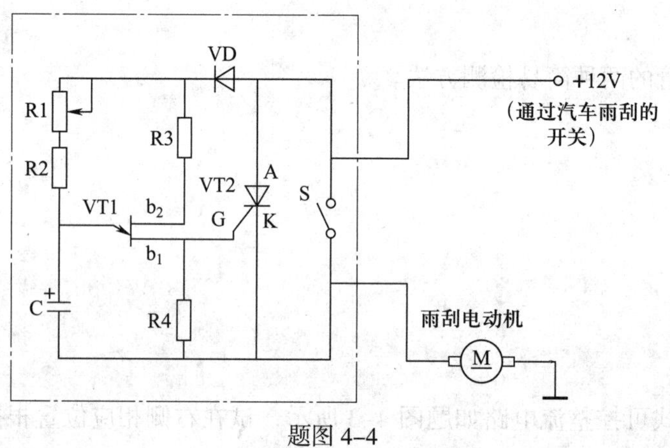

题图 4–4

第五章　三极管与集成运算放大器

§5-1　三　极　管

一、填空题

1. 三极管有两个 PN 结，即________结与________结；有三个电极，即________极、________极和________极，分别用字母________、________和________表示。

2. 三极管按 PN 结组合方式不同分为____________型和____________型，前者的图形符号是________，后者的图形符号是________。

3. 三极管集电极电流 I_c 与相应的基极电流 I_B 之比，称为三极管的______________。

4. 较小的________变化，即可引起较大的________变化，这就是三极管的________放大作用。

5. 三极管的工作状态有____________、____________和____________三种。

6. 当加到三极管发射极间的电压低于死区或反向偏置电压时，集电极－发射极等效于一个处于________状态的开关。而当加到发射极间的电压使三极管进入饱和状态时，集电极－发射极等效于一个处于________状态的开关。

7. 三极管要实现放大作用，必须满足一定的外部条件，即________________________，________________________。

8. ________是电子设备中最常见的一种基本单元电路。它是利用三极管的________作用，把信号源传来的微弱电信号________地放大到所需要的数值。

9. 在基极悬空、集电极和发射极处于反向偏置的情况下流过集电极的电流称为______________________，用符号________表示。

10. 三极管 β 下降到正常值 2/3 时的集电极电流称为______________________，用符号________表示。

11. 使用万用表检测三极管时，使用万用表的__________挡或__________挡，先确定________极，再确定________极和________极。

12. 用三极管组成放大电路时，根据公共端的不同有三种类型，即________________、________________和________________。

13. 在共射极放大电路中，输出电压和输入电压相位________________。

14. 放大电路相当于信号源的________，其输入电阻______，向信号源索取的电流______；而对于负载，放大电路又相当于一个________，其输出电阻______，则带负载的能力_____。

15. 多级放大电路中各级之间的连接称为__________，耦合方式有__________耦合、

________耦合、________耦合、________耦合等。

16. 电压调节器是控制汽车发电机________的装置。

二、判断题

1. 三极管有两个 PN 结，因此它具有单向导电性。（　　）
2. 三极管由两个 PN 结组成，所以可以用两只二极管组合构成三极管。（　　）
3. 由于三极管的发射区和集电区属于同一种半导体类型，所以发射极和集电极是可以互换使用的。（　　）
4. 三极管的电流放大作用，其实质是用一个较小的电流去控制一个较大的电流。（　　）
5. 三极管的集电极和发射极反向饱和电流随温度的升高明显增大，所以越大越好。（　　）
6. 如果集电极电流达到或超过其集电极最大允许电流，就会损坏三极管。（　　）
7. 当实际加到三极管集电极与发射极间的电压等于三极管的集电极和发射极反向击穿电压时，就会使三极管击穿损坏。（　　）
8. 任何情况下都不允许三极管集电极实际功率超过其集电极最大允许耗散功率。（　　）
9. 使用万用表 R × 1 kΩ 挡测量三极管，黑表笔接基极，红表笔分别与另外两个电极相接，如果测得的电阻都较小，则为 PNP 型三极管。（　　）
10. 放大电路的静态是指未加交流信号以前的起始状态。（　　）
11. 放大电路有输入交流信号输入时，同时存在直流和交流两种分量。（　　）
12. 共发射极电路既具有电流的放大作用，又具有电压的放大作用。（　　）
13. 共集电极放大电路无放大作用。（　　）

三、选择题

1. 关于三极管的电流放大作用，下列说法中正确的是（　　）。

A．三极管把小电流变成了大电流

B．较小的基极电流变化，就可引起较大的集电极电流变化

C．三极管总具有电流放大作用

D．以上都不对

2. 在三极管输出特性曲线族上，具有“$I_C = \beta I_B$”关系的区域称为（　　）。

A．截止区　　B．放大区

C．饱和区　　D．以上都不对

3. 在三极管输出特性曲线族上的截止区里，（　　）。

A．基极电流为零　　B．集电极和发射极极间电压为零

C．集电极电流为零　　D．以上都不对

4. 在三极管输出特性曲线族上的饱和区里，（　　）。

A．基极电流很小　　B．集电极电流很大

C．集电极电流不受基极控制　　D．以上都不对

5．三极管放大电路的核心元器件是（　　）。

A．基极电阻　　B．三极管

C．集电极电阻　　D．直流电源

6．三极管工作在放大状态的条件是（　　）。

A．发射极和集电极同时正偏　　B．发射极和集电极同时反偏

C．发射极反偏，集电极正偏　　D．发射极正偏，集电极反偏

7．对放大电路的要求为（　　）。

A．只需放大倍数很大　　B．只需放大交流信号

C．放大倍数要大，且失真要小　　D．只需放大直流信号

8．在多级放大电路中，常采用共集电极放大电路作为输入级，是因为这种放大电路（　　）。

A．输入电阻较大　　B．输出电阻较小

C．输入电阻较大且输出电阻较小　　D．以上都不对

四、简答题

结合题图 5–1，简述三极管在汽车发电机电压调节器中的工作原理。

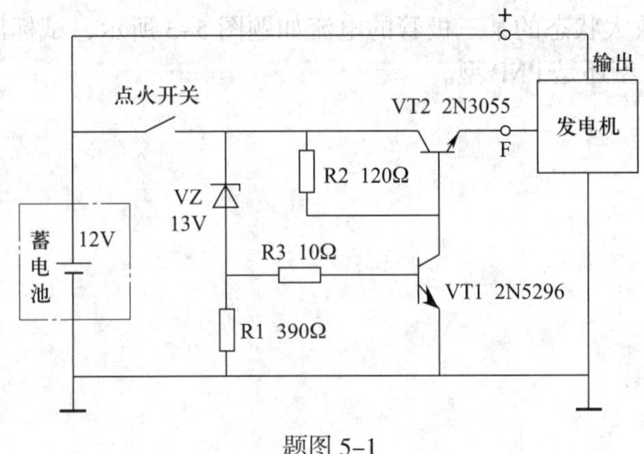

题图 5–1

五、综合题

1．若测得电路中下列三极管各电极对地电位如题图 5–2 所示，则各三极管分别处于何种工作状态？（NPN 管为硅管，PNP 管为锗管）

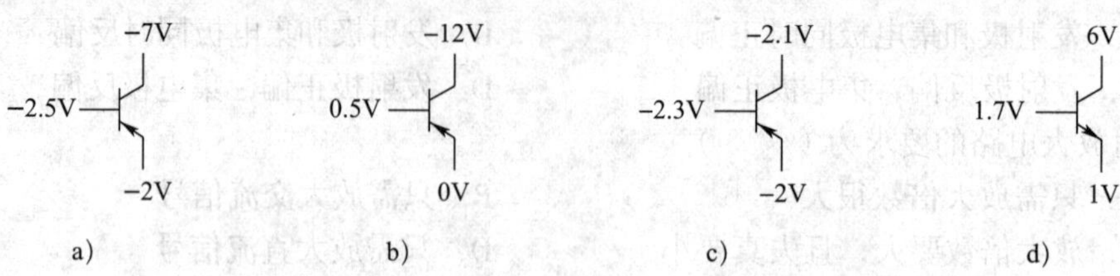

题图 5–2

2．测得工作在放大状态的某三极管的电流如题图 5–3 所示，试标出三极管的管脚，并说明此三极管是 NPN 型还是 PNP 型。

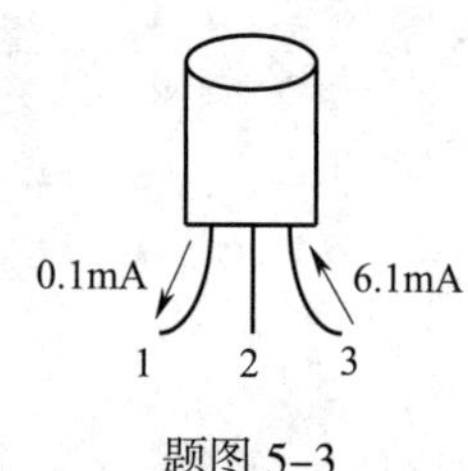

题图 5–3

3．已知某三极管的 P_{CM}=300 mW，$U_{(BR)CEO}$=20 V，I_{CM}=30 mA。则：

（1）工作电流 I_C=20 mA 时，U_{CE} 有何限制？

（2）工作电压 U_{CE}=8 V 时，I_C 有何限制？

4．判断题图 5–4 所示电路是否具有正常的电压放大作用，并简述原因。

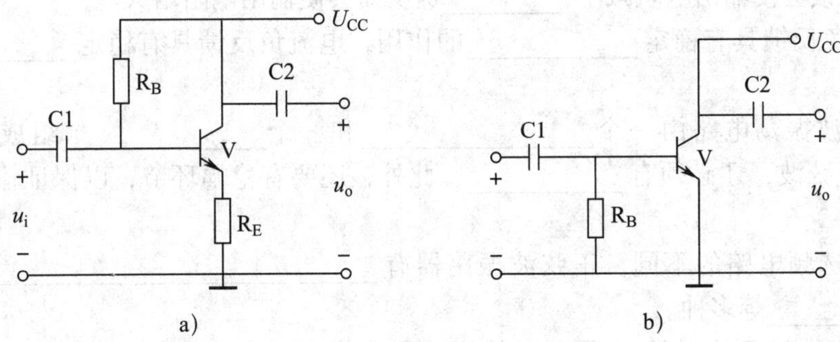

题图 5–4

§5–2　反馈与振荡

一、填空题

1．将输出量（电压或电流）的一部分或全部通过一定的电路形式送回输入回路，并对输入量产生影响的过程称为________________。

2．反馈放大电路由________________和____________两部分组成。

3．使放大器净输入量增大的反馈称为________反馈，使放大器净输入量减小的反馈称为________反馈。

4．根据反馈信号从输出端取样方式的不同，反馈可分为________反馈与________反馈；根据反馈信号与输入信号连接方式（也称比较方式）的不同，反馈可分为________反馈与________反馈。

5．负反馈对放大器输入电阻的影响取决于反馈信号在输入端的________________。________负反馈会使输入电阻增大，________负反馈会使输入电阻减小。

6．负反馈对放大器输出电阻的影响取决于反馈信号从输出端的________。________负反馈会使输出电阻减小，________负反馈会使输出电阻增大。

7．电压负反馈具有稳定________的作用，电流负反馈具有稳定________的作用。

8．正弦波振荡电路由一个________和一个________组成，但要产生单一频率的正弦波，还必须有________，此外，还要有稳幅环节，以保证输出信号的稳定。

9．根据选频电路的不同，正弦波振荡器有________、________、________等多种。

10．如果控制系统的输出量对系统没有控制作用，即系统无反馈，这个系统称为________系统。

11．汽车中的检测系统，如________、________和________等采用开环控制方式。

12．汽车中的检测系统，如________控制、________控制和________控制等采用闭环控制方式。

二、判断题

1．反馈是改善放大电路性能的重要手段，也是自动控制系统中的重要环节。（　）

2．电压反馈的取样环节与放大器输出端并联，电流反馈的取样环节与放大器输出端串联。（　）

3．正弦波振荡器由基本放大电路、负反馈电路、选频电路和稳幅环节组成。（　）

三、选择题

1．把引入反馈的放大电路称为（　）。

A．开环放大电路　　B．闭环放大电路

C．正反馈电路　　D．负反馈电路

2．能使输入电阻减小的反馈是（　）。

A．电压负反馈　　B．电流负反馈

C．串联负反馈　　D．并联负反馈

四、简答题

1．负反馈对放大器性能有哪些影响？

2. 什么是开环控制系统？什么是闭环控制系统？举例说明它们在汽车电路中的应用。

五、综合题

有一振荡器，在满足相位平衡条件的情况下，放大倍数 A_u=40，放大器的反馈电压与输出电压之比 F=0.02，这个电路能否产生自激振荡？为什么？若放大倍数 A_u=100，这个电路能否产生自激振荡？为什么？

§5-3 集成运算放大器

一、填空题

1. 集成运算放大器简称______，它是一种高增益的______放大器，它主要由______、______、______和偏置电路等组成。

2. 实际的集成运算放大器，除了两个输入端和一个输出端外，通常还有______、______、______、______和______等。

3. 根据输出特性不同，集成运算放大器可分为______和______两个工作区。

4. 在净输入电压______时，集成运算放大器工作在______工作区，这时输出电压 u_O 随净输入电压的变化以 10^6 ~ 10^8 倍数线性地变化。

5. 在净输入电压______时，集成运算放大器进入______区，这时的输出

电压 u_O 只有两种情况：（1）当 $u_p > u_N$ 时，u_O=________；（2）当 $u_N > u_p$ 时，u_O=________。

6．在反相放大器中，当 $R_1=R_f$ 时，电路称为________________；在同相放大器中，当 $R_1=\infty$ 或 $R_f=0$ 时，电路称为______________。

7．通常选用__________电压比较器对变形的矩形信号进行电压整形或将正弦波电信号变换为矩形波。

8．双门限电压比较器又称为____________或________________。

二、判断题

1．凡是运算电路都可利用“虚短”和“虚断”的概念求解。（　　）

2．反相器既能使输入信号倒相，又具有电压放大的作用。（　　）

3．电压跟随器的开环电压放大倍数等于 1。（　　）

4．运算电路中一般均引入负反馈。（　　）

5．电压比较器中引入了正反馈。（　　）

6．利用单门限电压比较器作为脉冲整形电路可以提高电路的抗干扰能力。（　　）

7．在双门限电压比较器中回差电压与参考电压有关。（　　）

三、选择题

1．集成运算放大器工作在线性区的必要条件是（　　）。

A．引入正反馈　　B．引入深度负反馈

C．开环状态　　D．以上都不对

2．同相比例运算电路在分析时不用（　　）概念。

A．虚短　　B．虚断

C．虚地　　D．以上都不对

四、简答题

结合实训任务，分析题图 5–5 所示汽车蓄电池过压、欠压报警电路，分析电路的组成和工作原理。

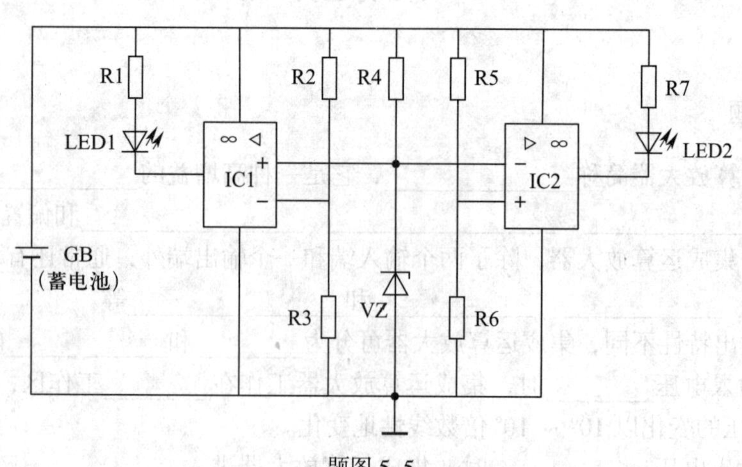

题图 5–5

五、综合题

1. 题图 5-6 所示为应用集成运算放大器测量电阻的原理图，其输出端接有满量程为 5 V、500 μA 的电压表，试计算当电压表指示 5 V 时被测电阻 R_X 的阻值。

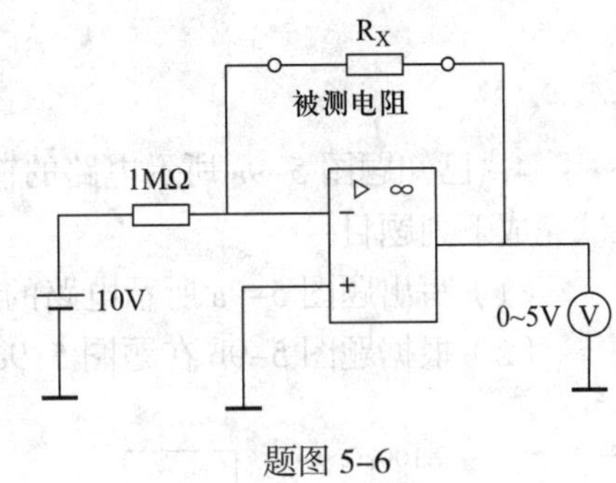

题图 5-6

2. 分析题图 5-7 所示电路属于什么电路？并计算 R1 的阻值。

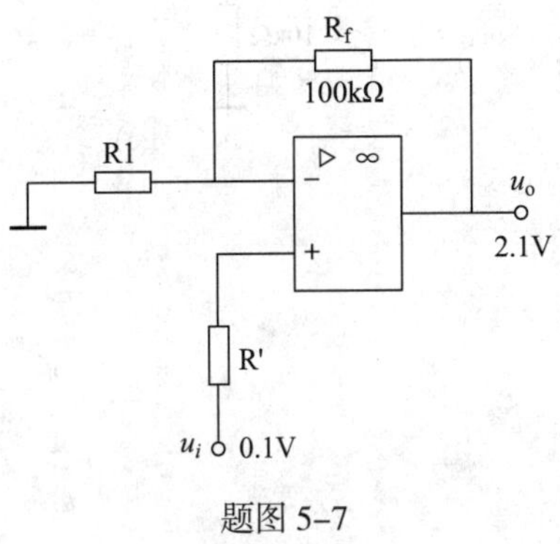

题图 5-7

3．在题图 5–8 所示电路中，已知 R_1=3 kΩ，R_2=10 kΩ，R_3=10 kΩ，R_{f1}=51 kΩ，R_{f2}=24 kΩ，u_{i1}=0.1 V，u_{i2}=0.5 V，试计算 u_{O1} 和 u_O。

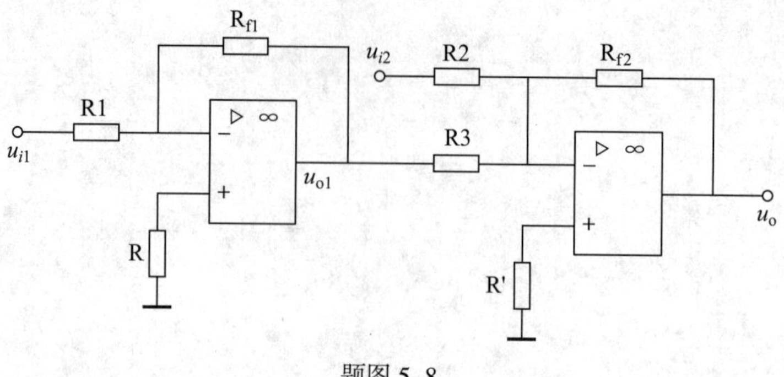

题图 5–8

4．已知题图 5–9a 所示电路的输入电压波形如图 5–9b 所示，输出电压最大值为 ±10 V。试完成下列题目：

（1）写出题图 5–9a 所示电路的名称。

（2）根据题图 5–9b 在题图 5–9c 中画出输出波形，并写出计算过程。

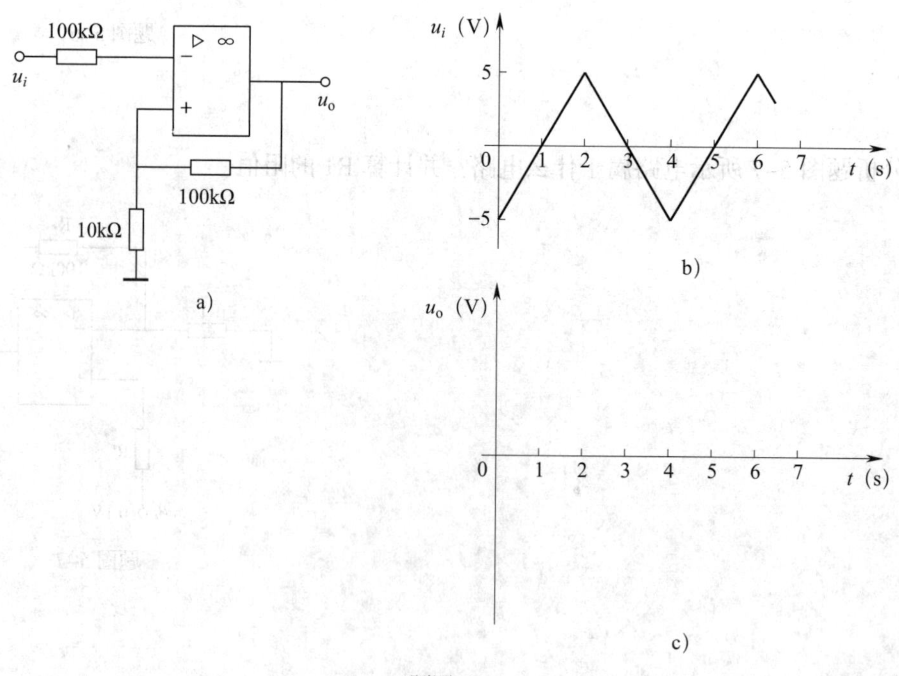

题图 5–9

5. 题图 5-10 所示为汽车电喷发动机中进气压力传感器内部电路图，试分析其电路组成和工作原理。

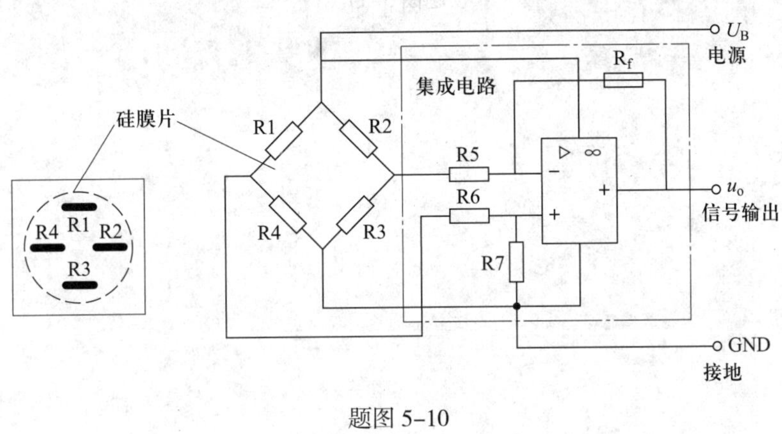

题图 5-10

6. 题图 5-11 所示为汽车霍尔轮速传感器电路原理图，试分析其电路组成和工作原理。

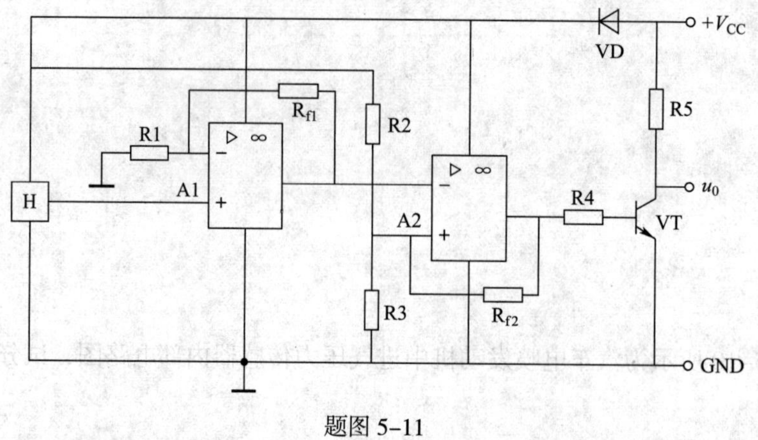

题图 5-11

第六章　脉冲数字电路

§6-1　数字电路基础

一、填空题

1. 电子技术在汽车上的应用主要是通过各种________收集__________，并以________信号的形式传递给相应的______________，经过它对数据的综合________、________，再向执行机构发出相应的__________去精确控制各部分处于最佳工作状态。

2. 各种不同的电信号可以分为两类，一类称为__________，另一类称为__________。

3. __________信号的强弱大小与被检测参数的大小具有一一对应的关系。

4. __________信号没有强弱之分，它只有________和________两种状态。

5. 在数字电路中，通常用______来表示高电平，用______来表示低电平。

6. 由于数字信号的波形具有__________和__________的特点，所以这种波形称为________，因此，数字电路又称为__________电路。

7. 常见的脉冲波形有__________、__________、__________、__________、__________和__________等。

8. 矩形波可以用____________、____________和____________三个参数进行描述。

9. 十进制数的基数是___，由___、___、___、___、___、___、___、___、___、___这十个数码构成，进位规则是__________，用尾缀___作为标志符。

10. 二进制数的基数是___，由___、___这两个数码构成，进位规则是________，用尾缀___作为标志符。

11. 十六进制数的基数是___，由___、___、___、___、___、___、___、___、___、___、___、___、___、___、___、___这十六个数码构成，进位规则是________，用尾缀___作为标志符。

12. 在将十进制数转换成二进制数时，要把整数部分和小数部分分开转换，其中整数部分的转换采用______________法，小数部分的转换采用______________法。

13. 在将十进制数转换成十六进制数时，也要把整数部分和小数部分分开转换，其中整数部分的转换采用______________法，小数部分的转换采用______________法。

14. 用二进制数表示十进制数的编码方法称为______________，简称______。

15. 8421BCD码，从高位（左）到低位（右）的权分别为___、___、___、___。

16. 示波器可以检测各种______________波形、______________的波形和______________波形等，精确测量__________、__________、__________、

________等，特别适用于诊断________________故障。

17. ________电路是组成数字电路的基本单元，基本逻辑门电路有________、________和________。由若干个基本逻辑门组成的各种功能的门电路，称为________门。

18. 只有决定一件事情的几个条件完全具备时，这件事情才能发生，否则不发生。这样的关系称为_____逻辑关系。

19. 决定一件事情的几个条件中，只要有一个条件具备，这件事情就会发生。这样的关系称为_____逻辑关系。

20. 事情的结果与条件总是呈相反状态，这样的关系称为_____逻辑关系。

A	B	F
0	0	0
1	1	1
1	0	1
0	1	1

题图 6–1

二、判断题

1. 模拟信号是离散的信号，数字信号是连续变化的信号。（　　）
2. 计算机程序一般用十进制数表示。（　　）
3. 十进制数 9，对应的十六进制数是 9H；十进制数 10，对应的十六进制数是 10H。（　　）
4. 用数码、符号、文字来表示特定对象的过程称为编码。（　　）
5. 与门的逻辑功能是有 1 出 1，全 0 出 0。（　　）
6. 常用的或门电路有 TTL 和 CMOS 两个系列。（　　）
7. 或门的逻辑功能是有 0 出 1，全 1 出 0。（　　）
8. 74LS51 是常见的异或门。（　　）

三、选择题

1. 关于数字电路中的“1”和“0”，下列说法中错误的是（　　）。
   A. 表示信号量的大小　　B. 表示电平的高低
   C. 表示对立的两种状态
2. 下列三个数制中尾缀可以省略不写的是（　　）。
   A. 二进制　　B. 十进制
   C. 十六进制　　D. 六十四进制
3. 下列三个数制中，数码每左移一位，数值增大一倍是（　　）。
   A. 二进制　　B. 十进制
   C. 十六进制　　D. 六十四进制
4. 6 位二进制代码可以表示的信息个数为（　　）。
   A. 12　　B. 36
   C. 64　　D. 84
5. 5421BCD 数码 10110101 与下列数相等的是（　　）。
   A. 10110101B　　B. 85H
   C. 85　　D. 以上都不对
6. 下列选项中，符合或门逻辑关系表达式的是（　　）。
   A. 1+1=2　　B. 1+1=10

C．1+1=1　　　　　　　　　　　　　　　　D．1+1=0

7．与非门的逻辑功能是（　　）。

A．有 0 出 1，全 1 出 0　　　　　　　　B．有 1 出 0，全 0 出 1

C．有 0 出 0，全 1 出 1　　　　　　　　D．有 1 出 1，全 0 出 0

8．能实现“有 0 出 0，全 1 出 1”逻辑功能的是（　　）。

A．与门　　　　　　　　　　　　　　　　B．或门

C．与非门　　　　　　　　　　　　　　　D．或非门

9．符合题图 6–1 真值表的是（　　）门电路。

A．与　　　　　　　　　　　　　　　　　B．或

C．非　　　　　　　　　　　　　　　　　D．与非

10．下列四个电路中，不论输入信号 A、B 为何值，输出恒为 1 的电路为（　　）。

A.
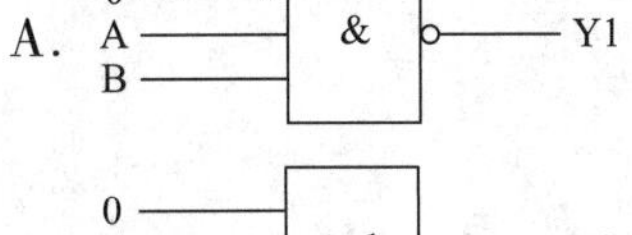

B.
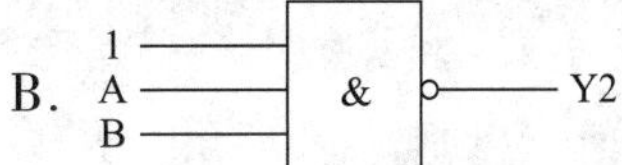

C.
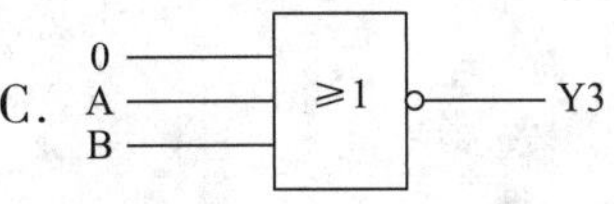

D.
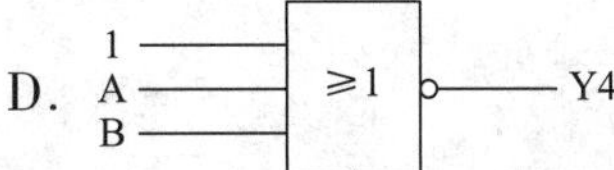

四、简答题

1．汽车门锁控制电路如题图 6–2 所示，对照电路的功能简述产生门锁控制信号以驱动执行机构动作，是如何实现正常开关车门以及在发生异常情况时提醒驾驶员注意的。

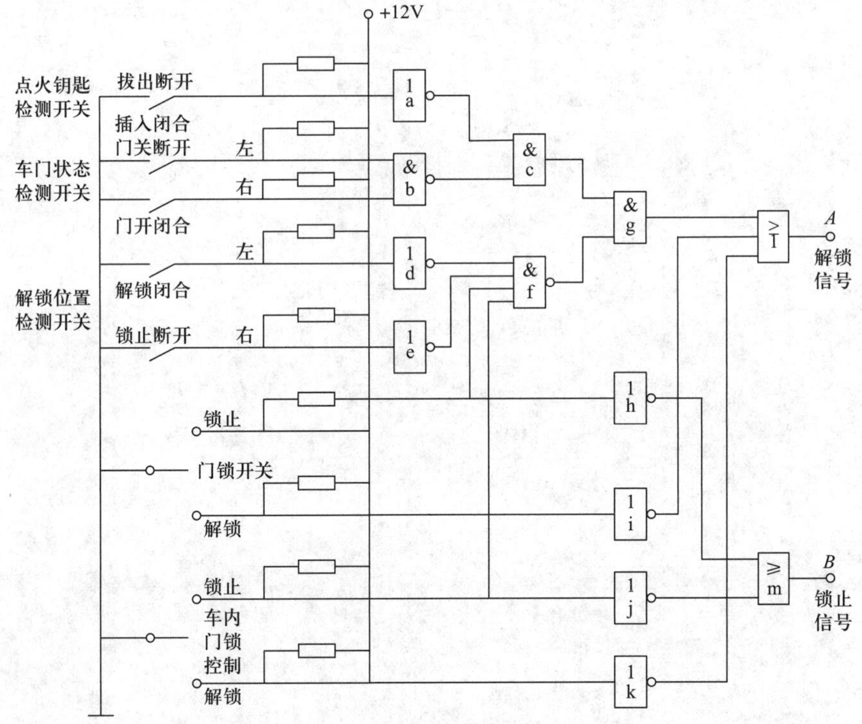

题图 6–2　汽车门锁控制电路

2. 结合实训任务，简述使用示波器测量喷油嘴波形及凸轮轴位置传感器波形的操作步骤。

五、综合题

1．根据二进制、十进制和十六进制数之间的关系，将下列数字进行转换，并写出换算过程。

（1）1011110101B=____________H （2）C2H=________________B

（3）45D=__________________B （4）1101011101B=__________D

（5）712D=_______________H （6）134H=______________D

2．根据电路图画出相应的输出波形。

（1）

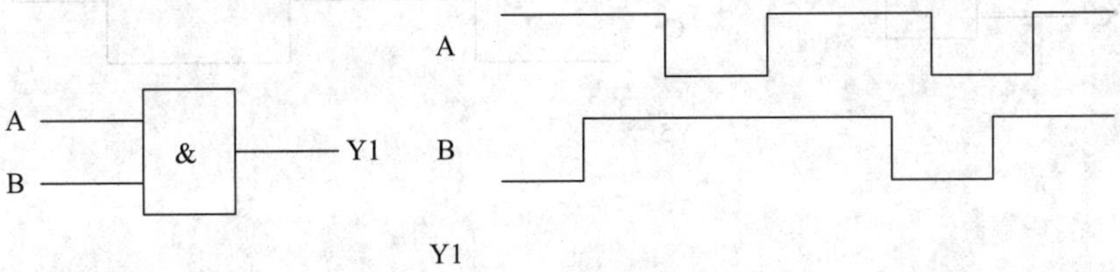

A

B

&

Y1

A

B

Y1

（2）

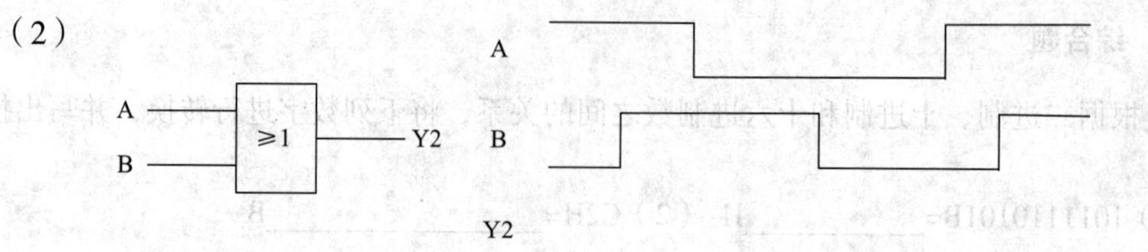

（3）

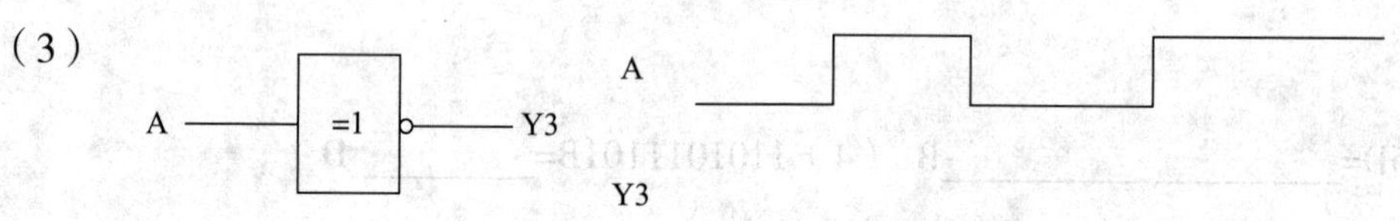

（4）

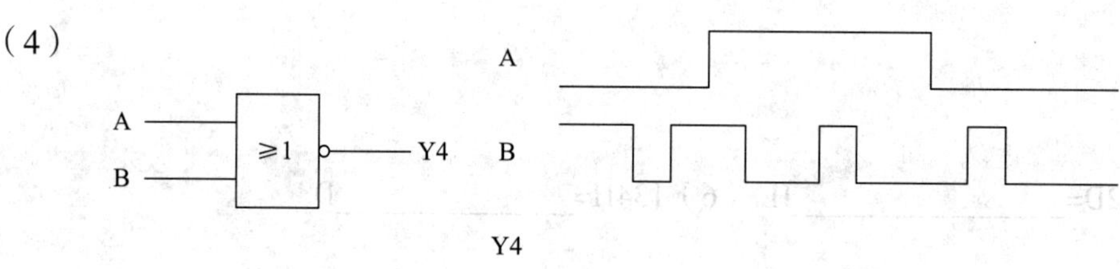

（5）

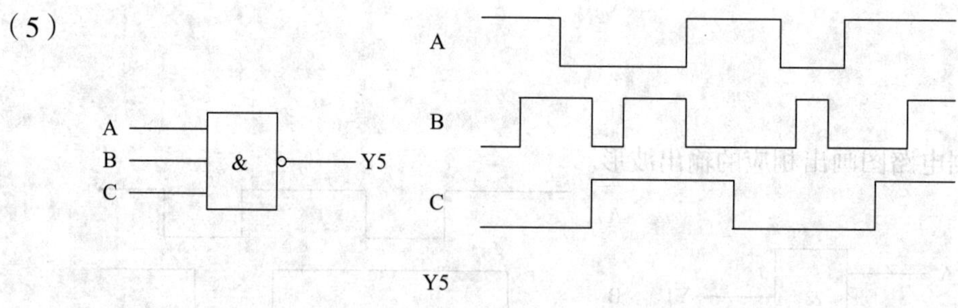

§6-2 组合逻辑电路

一、填空题

1．数字电路可分为____________电路和____________电路两大类。

2．组合逻辑电路的特点是电路任一时刻的输出仅取决于____________，而与____________无关。

3．3 位二进制译码器有____个输入端、____个输出端，所以也称为________编码器。

4．将二进制代码翻译成十进制数码 0 ～ 9 的电路称为__________译码器，常用的是__________译码器。

5．显示译码器的作用是将输入端的____________代码译成____________信号，以驱动数码管显示相应的十进制数码。

6．七段数码显示器分为________和________两种接法。

7．数据选择器又称____________或____________，其功能是在________（又称________）信号的作用下，能从多路输入数据中选择其中一路并将其传送至公共输出端。

8．数据分配器又称________________（或________________），其功能是根据____________信号将一路输入数据传送到多路设备的某一输出端。

9．在汽车计算机网络控制电路中，对多路数据进行传送时，采用了____________技术。

二、判断题

1．编码器、译码器、数据选择器和数据分配器都是组合逻辑电路。（　　）

2．译码是编码的逆过程。（　　）

3．74LS138 是一种典型的十进制译码器。（　　）

4．二－十进制译码器对 8421BCD 码以外的四位二进制代码拒绝翻译。（　　）

5．就功能而言，数据选择器和数据分配器都相当于一个单刀多掷开关。（　　）

6．数据分配器可用译码器构成。（　　）

三、选择题

1．74LS153 是（　　）数据选择器。

A．2 选 1　　B．4 选 1

C．8 选 1　　D．16 选 1

2．译码器 74LS139 输入端和输出端的个数分别为（　　）。

A．1，2　　B．2，1

C．2，4　　D．4，2

四、简答题

数码管有共阴极和共阳极两种接法，其分别在什么条件下才能发光？

§6-3 时序逻辑电路

一、填空题

1. 触发器是一种具有________功能的电路。

2. 常用触发器按逻辑功能可分为__________、__________和__________等，其中基本 RS 触发器最为简单，它也是构成各种结构复杂触发器的基础。

3. 在正常工作情况下，基本 RS 触发器的两个输出端 Q 和 $\overline{Q}$ 的状态相反，通常规定________端的状态为触发器的状态。Q=1、$\overline{Q}$ =0，称为__________态；Q=0、$\overline{Q}$ =1，称为________态。

4. 在时钟脉冲的控制下，JK 触发器根据输入信号 J、K 的不同情况，具有__________、__________、__________和__________功能。

5. 在时钟脉冲作用后，D 触发器状态与__________相同。

6. 寄存器的基本作用是存放用高、低电平表示的__________，有__________和__________两种类型。

7. 数码寄存器只具有__________和__________的功能。

8. 在数字系统中，将用来统计__________的电路称为计数器。

9. 计数器的种类很多，按工作方法的不同可分为__________和__________；按编码方式的不同可分为__________、__________和__________；按功能不同可分为__________、__________和__________。

10. 使 JK 触发器的 J 端与 K 端连接在一起并置于电平下，这样的 JK 触发器称为__________。

二、判断题

1. 触发器在某一时刻的输出状态，不仅取决于当时输入信号的状态，还与电路的原始状态有关。 ( )

2. 基本 RS 触发器是使用两个或非门交叉连接而成的。 ( )

3. 触发器进行复位后，其两个输出端均为 0。 ( )

4．触发器与组合逻辑电路都没有记忆能力。（　　）

5．基本 RS 触发器要受时钟脉冲的控制。（　　）

6．当 CP 处于下降沿时，触发器的状态一定会发生翻转。（　　）

7．JK 触发器能够克服 RS 触发器的缺点。（　　）

8．数码寄存器是一种复杂的寄存器。（　　）

9．双向移位寄存器就是在移位控制信号的作用下，电路既可以实现上移，又可以实现下移。（　　）

10．74LS194 是一种典型的单向移位寄存器。（　　）

11．在异步计数器中，当时钟脉冲到达时，各触发器的翻转是同时发生的。（　　）

12．计数器计数前不需要先清零。（　　）

13．二进制是最常用的计数方式。（　　）

三、选择题

1．在基本 RS 触发器中，输入端 $\overline{R}_D$ 和 $\overline{S}_D$ 不能同时出现的状态是（　　）。

A．$\overline{R}_D=0$，$\overline{S}_D=0$　　B．$\overline{R}_D=0$，$\overline{S}_D=1$

C．$\overline{R}_D=1$，$\overline{S}_D=1$　　D．$\overline{R}_D=1$，$\overline{S}_D=0$

2．触发器工作时，时钟脉冲作为（　　）信号。

A．输入　　B．清零

C．抗干扰　　D．控制

3．JK 触发器不具备（　　）功能。

A．置 0　　B．置 1

C．计数　　D．模拟

4．当（　　）时，触发器翻转，每来一个 CP 脉冲，触发器的状态都要改变一次。

A．$J=0$、$K=0$　　B．$J=0$、$K=1$

C．$J=1$、$K=1$　　D．$J=1$、$K=0$

5．（　　）触发器是 JK 触发器在 $J \neq K$ 条件下的特殊情况的电路。

A．D　　B．T

C．RS　　D．以上都不对

6．D 触发器在 $D=1$ 时，输入一个 CP 脉冲，其逻辑功能是（　　）。

A．置 1　　B．清 0

C．保持　　D．翻转

7．4 位数码寄存器被存数码同时从各触发器的 D 端输入，又同时从各端输出，所以又被称为（　　）数码寄存器。

A．串行输入 / 并行输出　　B．并行输入 / 并行输出

C．并行输入 / 串行输出　　D．串行输入 / 串行输出

8．移位寄存器除了具有寄存数码的功能外，还具有（　　）的功能。

A．移位　　B．编码

C．译码　　D．计数

9．异步计数器也称为（　　）计数器。

A．串行

B．并行

C．混行

D．以上都不对

10．异步减法计数器是用四个（　　）触发器构成的 4 位二进制减法计数器。

A．D

B．T

C．RS

D．JK

四、综合题

1．上升沿 JK 触发器输入波形图如题图 6–3 所示，试画出 Q 的波形图（设初始状态 Q=0）。

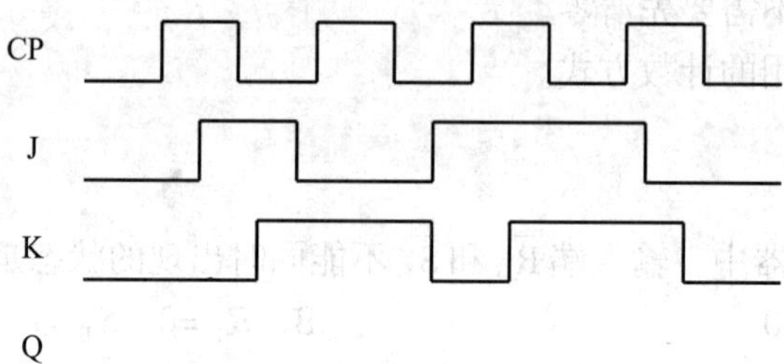

题图 6–3

2．下降沿 JK 触发器组成的 D 触发器的输入端 CP、D 的波形图如题图 6–4 所示，试画出输出 Q 的波形图（设初始状态 Q=0）。

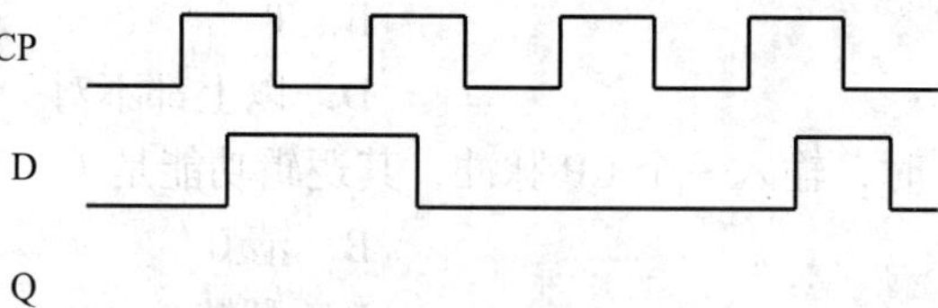

题图 6–4

3．题图 6–5 所示右移位寄存器的初始状态为 1111，当第二个 CP 脉冲信号到来时，寄存器中保存的数码是什么？试画出连续四个 CP 脉冲作用下的 Q_3、Q_2、Q_1、Q_0 的波形图。

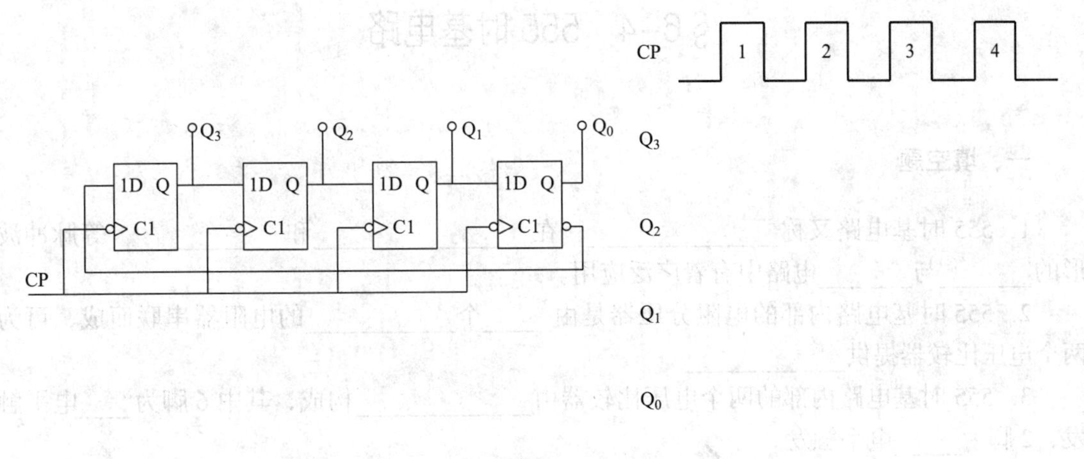

题图 6–5

4．分析题图 6–6 所示电路的逻辑功能，按 CP 脉冲的顺序，列出输出端 Q_2、Q_1、Q_0 的状态表，并判断它是何种类型的计数器。

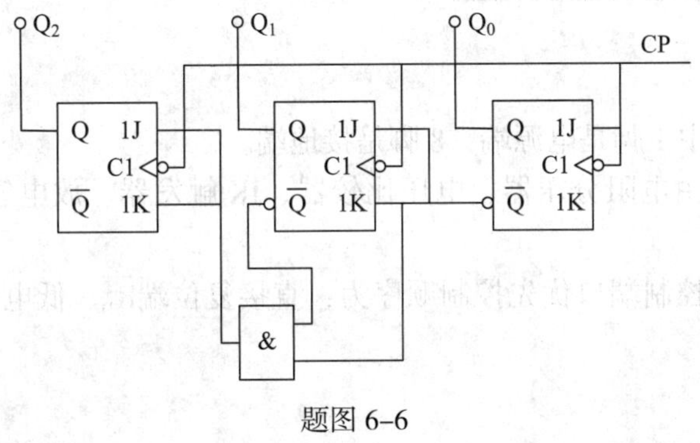

题图 6–6

§6-4　555时基电路

一、填空题

1．555时基电路又称______________，在_______________和_____________等脉冲波形的_______与_______电路中有着广泛应用。

2．555时基电路内部的电阻分压器是由_____个___________的电阻器串联而成，可为两个电压比较器提供____________。

3．555时基电路内部的两个电压比较器由_____________构成，其中6脚为____电平触发，2脚为_____电平触发。

4．555时基电路内部的基本RS触发器由______________________构成，它的状态由____________的输出控制，4脚为_____________端。

5．555时基电路内部的放电管VT是_____________的三极管，当输出OUT为0时VT________，当输出OUT为1时VT_________。

6．555时基电路能够实现________________、________________、________________、________________四种功能。

7．555多谐振荡器中改变________、________、________的值，可以改变振荡频率，也可以在5脚外接电压，通过改变____________，从而改变振荡频率。

8．单稳态触发器的输出脉冲宽度仅取决于定时元件________、________的取值，与____________和_____________________无关。

二、判断题

1．555时基电路中1脚是电源端，8脚是接地端。（　　）

2．555时基电路由电阻分压器、电压比较器、JK触发器、放电管以及缓冲器等构成。（　　）

3．555时基电路控制端口优先控制顺序为：直接复位端$\overline{R}_D$、低电平触发端$\overline{TR}$、高电平触发端TH。（　　）

三、选择题

1．555时基电路中的缓冲器通常由两级反相器构成，其目的是（　　）。

A．反相　　B．构成负反馈

C．提高电路的带负载能力　　D．以上都不对

2．在555时基电路中，当复位端4脚为1，2脚大于$\frac{2}{3}U_{CC}$，6脚大于$\frac{1}{3}U_{CC}$，此时电路的功能是（　　）。

A．直接复位　　B．复位

C. 置位　　　　　　　　　　　　D. 保持

四、综合题

1. 题图 6–7 所示为用 555 时基电路组成的汽车灯光、蜂鸣器电路，试分析该电路的组成并简述其工作原理。

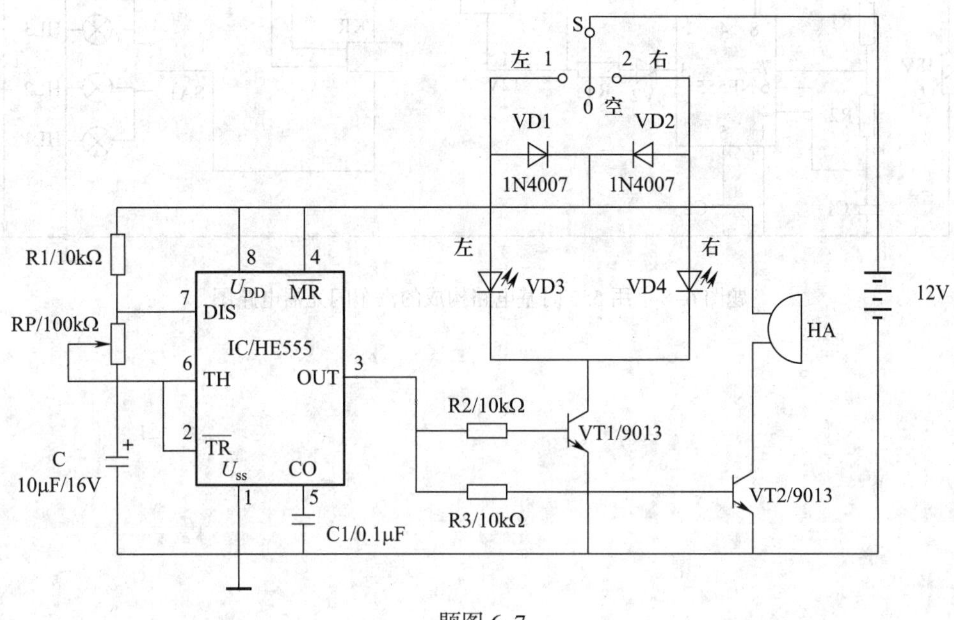

题图 6–7

2．题图 6–8 所示为用 555 时基电路构成的汽车闪光器电路，试分析该电路的组成并简述其工作原理。

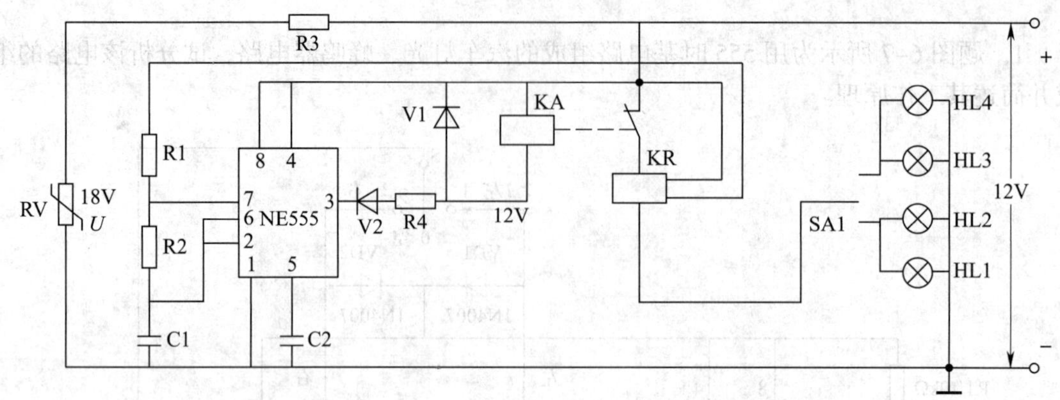

题图 6–8　用 555 时基电路构成的汽车闪光器电路图

§6–5　汽车微机控制系统和车载网络技术

一、填空题

1．汽车微机控制系统包括____________、__________和____________三个基本部分。

2．ECU 主要由____________、____________、______________、____________、____________以及整形、驱动等大规模集成电路组成。

3．车载导航系统由______________、______________、______________三部分组成，车载导航系统的作用是引导汽车在繁忙的______________和复杂的交通网络中选择______________，使其能以最短的时间和路径到达目的地。

4. CAN 总线采用__________传输，分为 CAN_______________和 CAN_______________数据线，在数据传输线的终端接有____________。

5. 在车辆起动时，CAN 总线中央处理器向各个模块发送________________，并搜集______________，及时发现问题、解决问题。在车辆加速过程中，采集__________加速信号，根据______________设置电动机转速及电池管理系统参数。

6. 汽车使用 CAN 总线系统大都采用两条或两条以上总线，一条是______CAN 总线，另一条是______CAN 总线。

二、简答题

1. 简述汽车微机控制系统的功能。

2. 汽车上有微机控制的系统主要有哪三个电子控制系统？分别包括什么？

3. 结合实训任务，简述如何诊断发动机故障。

4. 结合实训任务，简述如何诊断变速箱故障。

第七章　纯电动汽车与电源变换器

§7-1　纯电动汽车

一、填空题

1. 纯电动汽车主要包括＿＿＿＿＿＿＿、＿＿＿＿＿＿＿、＿＿＿＿＿＿＿和＿＿＿＿＿＿＿等。

2. 纯电动汽车的电源系统主要由＿＿＿＿＿＿＿＿＿、＿＿＿＿＿＿＿＿＿系统、＿＿＿＿＿系统、＿＿＿＿系统、＿＿＿＿＿＿＿＿＿及＿＿＿＿＿＿＿＿＿等组成，其作用是为＿＿＿＿＿＿＿及各种＿＿＿＿＿＿＿＿提供电能、监测＿＿＿＿＿＿＿使用情况以及＿＿＿＿＿＿＿＿向蓄电池充电。

3. 纯电动汽车高压系统是指电动汽车内部与＿＿＿＿＿＿＿＿＿＿＿＿＿＿相连或由＿＿＿＿＿＿＿＿＿＿＿＿＿＿＿的高压驱动零部件系统。

4. 动力蓄电池的作用是给车辆提供＿＿＿＿＿，充电时＿＿＿＿＿；驱动电动机的作用是将＿＿＿＿＿转换成＿＿＿＿＿，为车辆行驶提供驱动力。

5. 纯电动汽车低压系统是指由＿＿V 或＿＿V 低压直流电源供电的零部件系统。一方面为＿＿＿＿＿＿＿＿、＿＿＿＿＿＿＿＿、＿＿＿＿＿＿＿＿等常规低压用电设备供电；另一方面为整车的＿＿＿＿＿＿＿＿、＿＿＿＿＿＿＿＿控制电路和辅助部件供电。

6. 异步电动机按转子结构来分，有＿＿＿＿＿＿型和＿＿＿＿＿＿型；按定子绕组相数来分，有＿＿＿＿＿＿电动机、＿＿＿＿＿＿电动机等。在纯电动汽车中，主要使用＿＿＿＿＿＿异步电动机。

7. 三相笼型异步电动机定子的作用是产生＿＿＿＿＿，转子的作用是产生＿＿＿＿＿。

8. 电动机控制装置是控制＿＿＿＿＿与＿＿＿＿＿之间能量传输的装置，它主要由＿＿＿＿＿＿＿＿＿、＿＿＿＿＿＿＿＿＿、＿＿＿＿＿＿＿＿＿和各种传感器组成，其功能是从动力蓄电池获得＿＿＿＿，经＿＿＿＿＿＿＿调制后，提供电动机所需要的电压和电流，满足车辆对转速和转矩等在各种状态下的要求。

二、判断题

1. 混合动力汽车也称复合动力汽车，但是它只有一个动力源。（　　）
2. 混合动力汽车的结构比传统汽车简单。（　　）
3. 纯电动汽车动力蓄电池内的电能一直处于输出状态。（　　）
4. 燃料电池本身不会产生任何碳排放，排放的只有水和热量。（　　）

三、选择题

1. 下列选项中，不属于电动汽车的是（　　）。

A. 混合动力汽车　　B. 纯电动汽车

C. 燃料电池汽车　　D. 乙醇汽车

2. 纯电动汽车是以电池为储能单元，以（　　）为驱动系统的车辆。

A. 发动机　　B. 变速箱

C. 电动机　　D. 车轮

3. 汽车交流发电机的（　　）是用来将定子绕组产生的三相交流电变为直流电的。

A. 转子总成　　B. 电刷

C. 整流器　　D. 风扇

4. 汽车电气设备的特点是：两个电源、直流低压、（　　）、负极搭铁。

A. 串联单线　　B. 并联单线

C. 串联双线　　D. 并联双线

四、简答题

1. 简述纯电动汽车的定义。

2. 电池管理系统主要由哪几部分组成？其基本功能有哪些？

3. 简述开关磁阻电动机的工作原理。

4. 纯电动汽车对动力蓄电池的要求有哪些？

5. 查阅资料，纯电动汽车有哪些优缺点？目前还没有被普及的原因有哪些？

五、综合题

一台三相异步电动机的频率为 50 Hz，磁极对数 $p = 2$，额定转速 n=1 442 r/min，试计算该电动机额定运行的转差率。

§7-2 电源变换器

一、填空题

1．汽车直流 / 直流（DC/DC）变换器的作用是将动力蓄电池________转换为________，为车辆低压电路提供电源。

2．汽车直流 / 交流（DC/AC）变换器，也称________，其作用是把固定________变换为固定或可调的________。

3．绕组通电模式有________模式（也称 120° 导通模式）和________模式（也称 180° 导通模式）两种。

二、简答题

1．简述降压型 DC/DC 变换器的工作原理。

2．简述升压型 DC/DC 变换器的工作原理。

3．简述“逆变”控制原理。

§7-3 汽车中的电力电子器件

一、填空题

1. 电力电子器件又称________器件，是指可直接用于处理电能的主电路中，实现________的电子器件（通常指电流为数十至数千安，电压为数百伏以上）。在纯电动汽车中使用的电力电子器件主要有________、________、________、智能功率模块等。

2. 在电力晶体管中，________和________两种载流子都参与导电，故又称双极型电力晶体管。电力场效应管只有一种极性的________参与导电，故又称单极型电力晶体管。

3. 绝缘栅双极型晶体管有三个电极，分别是________、________、________。如果________接电源的正极，________接电源的负极，它的导通和关断由________来控制。

4. 绝缘栅双极型晶体管（IGBT）是一种典型的________复合型功率器件。它将单极型的绝缘栅电力场效应管（MOSFET）和双极型的电力晶体管（GTR）集成在同一个芯片中，一个单元 IGBT 由一只 MOSFET 和一只 PNP 晶体管构成，栅极加正向电压后，________导通，从而给 PNP 晶体管提供了基极电流使其导通；栅极加反向电压后，则________关断，PNP 晶体管截止。

二、选择题

1. 场效应管是（　　）控制器件。

A. 电流　　B. 电压

C. 电阻　　D. 功率

2. 汽车中最常使用的是（　　）变频器。

A. 交－直－交　　B. 交－交变频器

C. 高频　　D. 单相

三、简答题

1. IGBT 有哪些突出的优点？

2．简述 IGBT 在变频器中的应用。

四、综合题

结合实训任务，说明使用万用表如何判断 IGBT 的极性和好坏？